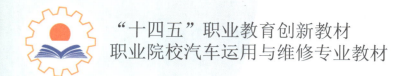

"十四五"职业教育创新教材

职业院校汽车运用与维修专业教材

U0599689

汽车发动机控制系统

QICHE FADONGJI KONGZHI XITONG

检修一体化教程

JIANXIU YITIHUA JIAOCHENG

主　审　周　超

主　编　黄洪庆　钟连结

副主编　黄志鹏　陈凡主　余仙梅

　　　　丁洪军　肖伟强　朱润标

参　编　岑东骏　陈述桂　何志钢

四川大学出版社

Sichuan University Press

·四川·

责任编辑:蒋　玓
责任校对:唐　飞
封面设计:书　联
责任印制:王　炜

图书在版编目(CIP)数据

汽车发动机控制系统检修一体化教程 / 黄洪庆,钟
连结主编. —成都:四川大学出版社,2018.5
　ISBN 978-7-5690-1844-8

　Ⅰ.①汽…　Ⅱ.①黄…　②钟…　Ⅲ.①汽车-发动机
-控制系统-车辆检修-教材　Ⅳ.①U472.43

中国版本图书馆 CIP 数据核字(2018)第 104216 号

书　名	**汽车发动机控制系统检修一体化教程**
主　编	黄洪庆　钟连结
出　版	四川大学出版社
地　址	成都市一环路南一段 24 号(610065)
发　行	四川大学出版社
书　号	ISBN 978-7-5690-1844-8
印　刷	定州启航印刷有限公司
成品尺寸	185 mm×210 mm
印　张	13
字　数	288 千字
版　次	2018 年 7 月第 1 版
印　次	2018 年 7 月第 1 次印刷
定　价	40.00 元

◆ 读者邮购本书,请与本社发行科联系。
电话:(028)85408408/(028)85401670/
(028)85408023　邮政编码:610065
◆ 本社图书如有印装质量问题,请
寄回出版社调换。
◆ 网址:http://www.scupress.net

版权所有◆侵权必究

前言

PREFACE

汽车维修行业的发展离不开汽车产业的发展，目前我国汽车产量正处于迅速发展的过程中。有关资料显示，我国 2017 年汽车产量为 2901.54 万辆。汽车工业的迅速发展大大促进了国内汽车技术的进步，使得汽车运用和维修行业的车源、车种以及维修作业方式等都发生了新的变化，也使得技能型、应用型的实用人才非常紧缺。为了尽快培养能用、实用、好用的技术人才，根据"理实一体化"的教学理念，组织了多名具有丰富教学和实践经验的老师编写了这本书。

本书在编写过程中，力求体现以下特色：

（1）以实际工作任务为驱动，突出以实物、实图、实例的一体化教学内容来编写，并在教材的结构内容上彰显：①结构原理（即理论知识部分）。以实物、原理图加标注为主，辅以简单必要的文字说明，旨在提高学生对汽车专业知识的理解、概括、运用等能力。②检测部分。以原理图和实物为主，加上操作要领、注解、技术要求、注意事项及相关知识链接，旨在提高学生的实际动手能力。

（2）以就业为导向，面向实际，贯彻"一体化教学"特点，全程设计，整体优化。

（3）根据学校现有的教学设备和实习教学模块化的课时数以及汽车行业的发展趋势，合理安排教学内容，切实落实"管用、够用、适用"的教学指导思想，即体现教材的可操作性，又体现先进性。

（4）从汽车维修企业岗位要求入手，以国家职业标准为依据，结合多年培养中、高级汽车维修技术应用型人才的经验，确定课程体系、教学目标、教材的结构与内容，强化教材的针对性和实用性。

（5）借鉴国内外职业教育经验，融传统式教学、模块式教学、情境化教学、任务驱动式教学等为一体，顺应现代职业教育制度改革。

（6）本书中各知识单元与技能模块力求做到"一体化"，且尽可能以任务驱动方式展开讲解，并附有"知识拓展"和"活动评价"环节，激发学生学习兴趣，以期提高教学质量。

本书由黄洪庆、钟连结担任主编，黄志鹏、陈凡主、余仙梅、丁洪军、肖伟强、朱润标担任副主编，其他参编为岑东骏、陈述桂、何志钢等，主审周超为本书的编写提供了很多指导建议；在编写过程中，我们还参考大量的相关图书和资料，部分文字、图片取自网络，同时得到了四川大学出版社的大力支持，在此一并表示感谢。

由于编者水平所限，书中难免出现错误之处，希望读者在使用过程中及时批评指正。

编者
2018 年 7 月

微课二维码总表

汽车基本检查

清洗三元催化器

喷油系统检测

空气流量计检测

节气门体检测

故障诊断发动机缺缸

故障码读取

怠速抖动故障检修

（1）检测气缸压力条件与方法。

①先预热发动机正常状况＿＿＿＿＿＿℃后停机。

②拆下＿＿＿＿＿＿以减少曲轴转动时的阻力。

③用专用＿＿＿＿＿＿锥形橡胶塞紧压火花塞孔上。

④起动发动机带动＿＿＿＿＿运转＿＿＿＿s，压力表的指示值就是该气缸的压缩压力。为保证测量准确，各气缸应重复测量＿＿＿＿次，依次测量各缸。

（2）进气歧管真空度的检验。

①发动机密封性正常。真空压力表指针的指示应稳定在＿＿＿＿＿＿kPa之间。当海拔高度每增加304.8m，真空压力表读数相应降低3.38kPa。发动机密封性正常时真空压力表读数如图（a）所示（白色指针表示稳定，黑色指针表示假想漂移）。

②气门与气门座不密封。该气门处于关闭时，真空压力表指针跌落＿＿＿＿＿＿kPa，而且指针有规律波动。如图（b）所示。

③气门与导管卡滞。当气门处于关闭时，真空压力表指针有规律地迅速跌落＿＿＿＿＿＿kPa，如图（c）所示。

④气门弹簧折断或弹力不足。发动机在200r/min下运转，真空压力表指针在＿＿＿＿＿＿kPa范围内迅速摆动。某一只气门弹簧折断，指针将相应地产生快速波动，如图（d）所示。

⑤气门导管磨损。真空压力表读数较正常值低10～13kPa，且缓慢地在＿＿＿＿＿＿kPa范围内摆动，如图（e）所示。

⑥活塞环磨损。发动机转速升至2000r/min时，突然关闭节气门，真空压力表指针迅速跌落至＿＿＿＿＿＿kPa以下；当节气门关闭时，指针不能回复到83kPa，如图（f）所示。当迅速开启节气门时，指针不低于6～16kPa，则活塞环工作良好。

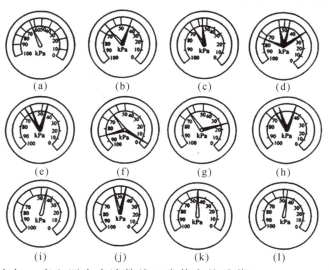

（a）　　（b）　　（c）　　（d）

（e）　　（f）　　（g）　　（h）

（i）　　（j）　　（k）　　（l）

⑦气缸衬垫窜气。真空压力表读数从正常值突然跌落至＿＿＿＿＿＿kPa，当泄漏气缸在工作行程时，指针又恢复正常值，如图（g）所示。

⑧混合气过稀过浓。混合气过稀时，指针会_____跌落；混合气过浓时，指针缓慢摆动，如图（h）所示。

⑨进气歧管衬垫漏气与排气系统堵塞。进气歧管漏气时，真空压力表指示值比正常值低 10～30kPa；排气系统堵塞时，发动机转速升至 2000r/min，突然关闭节气门，真空压力表指针从_____kPa 跌落至 6kPa 以下，并迅速回复正常，如图（i）所示。

⑩点火过迟。真空表指针稳定地指示在_____kPa，如图（j）所示。

（3）喷油器清洗器主要检测喷油器喷油时的_____和_____。

（4）诊断维修的基本原则：①_____；②_____；③_____；④_____。

2. 完成本学习活动后，请对学习过程和结果的质量进行评价和总结，填写下列评价反馈表（表5-7）。自我评价由学习者本人填写，小组评价由组长填写，教师评价由任课教师填写。

表 5-7　评价反馈表

班级		姓名		学号		日期		年 月 日			
学习活动名称：											
自我评价	1	能按时上、下课					□是	□否			
	2	着装规范					□是	□否			
	3	能独立完成课后习题					□是	□否			
	4	能利用网络资源、维修手册等查找有效信息					□是	□否			
	5	会正确使用工量具及设备					□是	□否			
	6	根据故障现象能叙述故障原因					□是	□否			
	7	会通过故障现象排除故障					□是	□否			
	8	学习效果自评等级					□优	□良	□中	□差	
	9	总结与反思：									
小组评价	10	在小组讨论中能积极发言					□优	□良	□中	□差	
	11	能积极配合小组成员完成工作任务					□优	□良	□中	□差	
	12	在故障排除操作中的表现					□优	□良	□中	□差	
	13	能够清晰表达自己的思路					□优	□良	□中	□差	
	14	安全意识与规范意识					□优	□良	□中	□差	
	15	遵守课堂纪律					□优	□良	□中	□差	
	16	积极参与汇报展示					□优	□良	□中	□差	

续表5-7

班级		姓名		学号		日期	年月日
教师评价	17	综合评价等级： 评语： 教师签名：_____　____年___月___日					

四、学习拓展

1. 丰田卡罗拉轿车 1.6L 发动机怠速抖动的故障诊断

（1）故障现象。

一辆行驶 386000km 的丰田卡罗拉轿车 1.6GL AT 1ZR-FE 电喷发动机在冷、热怠速时都出现怠速抖动，此车主称曾在维修服务店清洗了积炭和空气道后，但没有效果，故障依旧存在。

（2）故障原因。

①进气系统有泄漏，或出现混合气过浓或过稀。

②怠速空气执行元件故障导致怠速空气控制不准确。

③点火模块或点火线圈有故障，表现为高压火花弱或火花塞不点火、失火情况。

④燃油压力油压过低，喷油器滴漏或堵塞。

⑤空气流量计过脏或节气门和周围进气道的积炭、污垢过多。

（3）故障排除。

通过连续 KT-600 解码器诊断检测仪进行检测读取故障代码，检测仪显示故障代码为"P0300（有多缸缺火）"和"P0301（1缸没有点火）"。通过测量线束连接器的工作电压，其工作电压为正常电压，用调换法进行测试，将 1 缸和 3 缸两者点火器互相调换，起动发动机并怠速运转。用解码器再读取故障代码，仪器显示"P0300"和"P0303（3缸没有点火）"，说明 1 缸的点火器损坏，更换新的点火器排除故障。

2. 日产旗达轿车突然熄火的故障诊断

（1）故障现象。

一辆日产旗达轿车，行驶里程 80000km。该车在高速公路上行驶时突然熄火，被拖至维修厂进行维修。

（2）初步检查。

①检查油泵的工作情况：一人在驾驶室内反复开、关点火开关，另一人在油泵加油口处查听，能听到油的搅动声，说明油泵工作正常。

②检查点火系统：打开发动机罩盖，检查发电机正时皮带，其完好无断裂；起动试验火花塞跳火，跳火正常。

③检查进气歧管真空度：用一个三通管将真空压力表接在真空管上，经检测，发动机的起动怠速瞬间真空度为64kPa左右，说明机械部分正常。

（3）故障排除。

读取发动机故障代码：仪器显示无故障代码。起动发动机，发动机虽能够起动，但几秒钟后就自动熄火。

先检查油路系统，将汽油压力表接入油路系统中，起动发动机，观察汽油压力表的读数，其值为0.24MPa左右，踩下油门踏板，燃油压力上升至0.27MPa左右，且熄火一段时间后油压能够保持，说明油路系统正常，故障应在气路系统中。据此分析，喷油脉宽下降应为空气流量计发生故障所致。该车之所以起动后随即熄火，原因在于空气流量计发生故障后，使其测得的进气量与实际进气量相差较少，而电脑又是根据空气流量计所测得的进气量来配油的，致使供油量过少，进入发动机的混合气过稀，导致发动机熄火。应更换空气流量计排除故障。

实训作业工单

实训班级			维修班组		
组员					
整车型号			车辆识别代码		
发动机型号			行驶里程		
步骤	作业记录内容			任务完成情况	
一、前期准备	按6S标准进行工具、工位准备			□任务完成	
二、安全检查	举升机的安全检查、尾气排污装置及发动机外部检查等。			□任务完成	
三、发动机不能起动	①检查传感器线束是否松动			□任务完成	
	②是否正确使用仪器进行检测及诊断？			□是 □否	
	③进行电压检测判断、工作电压检测判断			□任务完成	
	④是否更换新件？			□是 □否	
	⑤检查故障排除情况			□任务完成	
四、发动机怠速抖动	①检查传感器线束是否松动			□任务完成	
	②是否正确使用仪器进行检测及诊断？			□是 □否	
	③进行电压检测判断、工作电压检测判断			□任务完成	
	④是否更换新件？			□是 □否	
	⑤检查故障排除情况			□任务完成	

续表

实训班级			维修班组	
五、竣工检验	①故障是否排除？			□是　□否
	②设备器材、工量具、场地等是否整理、清洁？			□是　□否

工单记录员：＿＿＿＿＿＿维修技师：＿＿＿＿＿＿＿＿＿＿＿质检员：＿＿＿＿＿＿＿

目　录
CONTENTS

学习任务五　发动机故障灯常亮检修

学习任务一
电控发动机基本检查

学习目标

完成本学习任务后，你应当能够：

（1）了解电控发动机的基本组成和作用。

（2）了解发动机电控系统各传感器、执行器和 ECU 的功能，能识别各元部件并熟悉其安装位置。

（3）了解发动机电控系统的控制模式。

（4）懂得如何检查发动机的各种油液。

（5）熟悉发动机外观检查的基本内容和检查标准。

（6）能够正确分析发动机 ECU 的电源电路并进行故障诊断。

建议学时

6 学时。

内容结构

- 电控发动机的功用与组成
- 各传感器、执行器的功能
- 电子控制单元（ECU）的功能
- 发动机电控系统的控制模式
- 识别电控系统各元部件及其安装位置

电控发动机基本检查

- 分析电控发动机基本检查的项目
- 编制故障诊断流程图
- 检查发动机舱内各种油液是否正常
- 进行电控发机的外观检查
- 检测发动机ECU的电源电路

学习任务描述

张先生有一辆 2010 款 1.6L 丰田卡罗拉轿车，其发动机型号为 1ZR-FE，行驶里程为 20000km。有一天，张先生驾车出行，突然发现汽车很"没劲"，比旁边车道满载的货车还要慢，于是将车开到汽车 4S 店进行检修。如果你是维修人员，你该如何对车辆进行检修？

教学活动 1 电子控制系统 ECU 的检查

引导问题 1 电控发动机由哪些部分组成？它们分别有什么作用？

电控发动机主要由空气供给系统、燃油供给系统和电子控制系统三部分组成。

1. 空气供给系统

空气供给系统主要由空气滤清器、进气管、空气计量装置（空气流量传感器或进气压力传感器）、节气门体和节气门位置传感器等组成，如图 1-1 所示。其作用是向发动机提供新鲜、清洁的空气，同时对进入发动机气缸空气的质量进行直接或间接计量，使空气与汽油形成的可燃混合气空燃比符合要求。

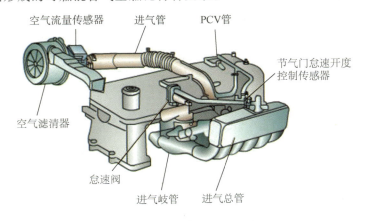

图 1-1 发动机空气供给系统

2. 燃油供给系统

燃油供给系统由电动燃油泵、燃油滤清器、燃油压力调节器、燃油管及喷油器等组成，如图 1-2 所示。其作用是根据发动机运转工况的需要，向发动机供给一定数量的、清洁的、雾化良好的燃油。

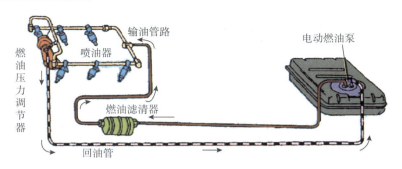

图 1-2　发动机燃油供给系统

3. 电子控制系统

电子控制系统主要由传感器、执行器和电子控制单元（ECU）三大部分组成，如图 1-3 所示。

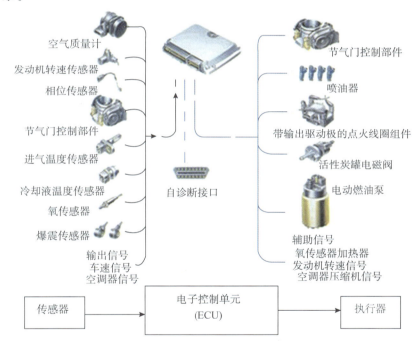

图 1-3　发动机电子控制系统

传感器：装在发动机各个位置的信号转换装置。将反映发动机工况和汽车运行状况的参数（非电量参数）转变为电信号（电压或电流）提供给电控单元，使电控单元能正确地控制发动机运转，相当于发动机的"眼睛和耳朵"。

执行器：电控单元指令的执行者。用来完成电控单元发出的各种指令，相当于发动机的"手和脚"。

电子控制单元：接收来自各个传感器传来的信号，完成对这些信息的处理并发出指令控制执行器的动作。主要根据发动机运转状况和车辆运行状态确定燃油喷射量和点火时刻，相当于发动机的"大脑"。

引导问题 2 发动机控制系统各传感器、执行器和电子控制单元的功能及其安装位置

1. 传感器和执行器

要保持发动机正常运转，电子控制单元需要采集多方面的信息，因此需要多个传感器。传感器一般包括曲轴位置传感器、凸轮轴位置传感器、空气流量计、节气门位置传感器、水温传感器（冷却液温度传感器）、爆震传感器、氧传感器、进气温度传感器、进气歧管压力传感器等，如图 1-4 所示。

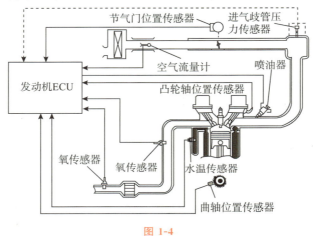

图 1-4

为实现对发动机的精确控制，也需要多个执行器。主要包括喷油器、燃油泵、点火模块（或称为点火器）、点火线圈、怠速控制阀、碳罐电磁阀、各种继电器等。

发动机控制系统各传感器和执行器的基本作用及安装位置如表 1-1 所示。

表 1-1 发动机控制系统各传感器和执行器的基本作用及安装位置

元件名称	基本作用	安装位置
空气流量计（AFS）	在 L 型电控燃油喷射系统中，空气流量计将进入发动机空气的量转换成电信号送至发动机 ECU，作为燃油喷射和点火控制的主要控制信号	空气滤清器后、节气门前的进气管中
进气歧管压力传感器（PIM）	在 D 型电控燃油喷射系统中，进气歧管压力传感器测量进气管压力，并将信号输入 ECU，作为燃油喷射和点火控制的主要控制信号	节气门后的进气管上

续表1-1

元件名称	基本作用	安装位置
曲轴位置传感器（CPS）	测量发动机曲轴转角和发动机转速，并以电信号的形式输送给ECU，以确定发动机的喷油时刻和点火时刻	曲轴前端、皮带轮后，或曲轴后端、飞轮前
凸轮轴位置传感器（G信号）	是判缸信号，采集配气凸轮轴的位置信号送至ECU，使ECU识别1缸或6缸的压缩上止点，以确定发动机的喷油时刻和点火时刻	凸轮轴前端或后端
冷却液温度传感器（THW）	检测冷却液温度，并将温度信号转变成电信号输送给ECU，作为发动机燃油喷射和点火正时控制的修正信号	缸盖水套上
进气温度传感器（THA）	检测发动机进气温度，并将进气温度信号转变成电信号输送给ECU，作为燃油喷射和点火正时控制的修正信号	D型：空气滤清器内或进气管内；L型：空气流量计内
节气门位置传感器（TPS）	检测节气门的开度及开度变化，并以电压信号的形式输送给ECU，用于控制燃油喷射及其他辅助控制（如EGR、开闭环控制等）	节气门轴的一端
爆震传感器（KNK）	检测发动机在燃烧时有无爆燃，并把爆燃信号输送给ECU作为修正点火提前角的重要参考信号	缸体一侧或缸盖表面
氧传感器（OX）	检测排放废气中氧的浓度，并向ECU发出反馈信号，以控制空燃比在理论值附近	排气管内，三元催化器附件
喷油器	在ECU控制下，将雾化良好的汽油喷入进气管或进气道	各缸进气门前的进气歧管上，喷嘴正对进气门
燃油泵	将汽油从油箱中抽出，加压后通过燃油管道输送到喷油器	油箱内
点火模块	控制点火能量和点火时刻。有的点火模块还向ECU提供反馈信号，供ECU判断点火线圈工作是否正常	安装位置灵活，可在发动机舱内或发动机机体上安装，可与点火线圈制成一体
怠速控制阀	在怠速工况下，由其控制发动机怠速时的进气量	一般在节气门体

学习任务1

续表1-1

元件名称	基本作用	安装位置
EGR 阀（废气再循环）	将一部分废气从排气管引入进气管与新鲜充分混合再次燃烧，从而降低排气中的 NO_x 水平的一种措施，它是控制 NO_x 排放的最有效措施之一	发动机排气管与进气管之间专设的通道上
三元催化器	使用三元催化器可以减少发动机的排放量，并使废气中的 HC、CO、NO_x 受热发生化学反应生成无害的排放物	排气管处
活性炭罐电磁阀	ECU 根据发动机转速和节气门开度信号对电磁阀进行通、断控制	与碳罐相连，装在发动机进气管附近
各种继电器	开关作用，负荷过载断电保护作用	一般位于发动机舱或驾驶室仪表板下方的配电盒（或继电器盒）中

2. 电子控制单元

电子控制单元（ECU）如图 1-5 所示，又称为"行车电脑""车载电脑"，一般安装在发动机舱内或驾驶室仪表板下方位置。

图 1-5　电子控制单元

电子控制单元的功用是根据各种传感器和控制开关的信号对喷油量、喷油时刻和点火时刻等进行实时控制。发动机工作时，ECU 根据节气门位置传感器（TPS）信号、空气流量计（AFS）信号和曲轴位置传感器（CPS）信号计算出基本的喷油量。与此同时，ECU 还根据水温传感器信号、进气温度传感器信号和氧传感器信号等计算出辅助喷油量，对基本喷油量进行必要的修正，最终确定实际的喷油量。ECU 再根据曲轴位置传感器信号和凸轮轴位置传感器信号，确定最佳喷油时刻和最佳点火时刻，并向各执行器发出指令信号，控制喷油器、点火线圈、怠速控制阀等动作。

以威驰发动机电控系统为例，其各元件的位置如图 1-6 所示。

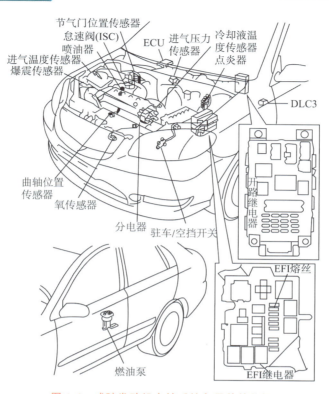

节气门位置传感器
怠速阀(ISC)
喷油器
进气温度传感器
爆震传感器
ECU
进气压力传感器
冷却液温度传感器
点炎器
DLC3
加路继电器
曲轴位置传感器
氧传感器
分电器
驻车/空挡开关
EFI熔丝
燃油泵
EFI继电器

图 1-6　威驰发动机电控系统各元件的位置

引导问题 3　发动机电控系统的控制模式有哪些？

发动机的控制模式主要有两种：开环控制和闭环控制。

1. 开环控制

开环控制是一种直链式控制，如图 1-7 所示。ECU 根据传感器的信号控制执行器工作，但 ECU 不检测控制结果，不能根据执行结果对控制进行修正，也不能用执行结果纠正自身控制产生的相对误差。

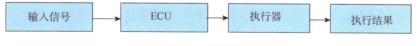

| 输入信号 | → | ECU | → | 执行器 | → | 执行结果 |

图 1-7　开环控制

2. 闭环控制

闭环控制又叫作反馈控制，是在开环控制的基础上增加了反馈环节，如图 1-8 所示。它设置了传感器检测控制结果，并把这种结果返回给 ECU，以便 ECU 对控制进行修正，使控制更精确。

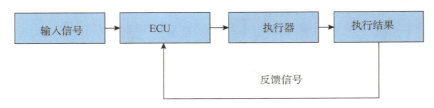

图 1-8　闭环控制

3. 空燃比闭环控制的过程

汽车发动机大多数情况下以闭环控制模式工作。在闭环控制模式中，向发动机控制模块反馈的信号主要有氧传感器、爆震传感器等，相应的闭环控制可以称为空燃比闭环控制（或空燃比反馈控制）和点火提前角闭环控制（或点火提前角反馈控制）。

氧传感器反馈控制如图 1-9 所示。为了使三元催化转换器正常工作，减少一氧化碳、碳氢化合物的排放，就要提高空燃比的配制精度，将实际空燃比尽可能控制在理论空燃比 14.7：1 为中心的非常狭窄的范围内，但是只用空气流量传感器测得的进气量信号来确定喷油脉冲宽度达不到这么高的控制精度，因此，必须借助安装在排气管上的氧传感器对实际空燃比进行反馈控制。

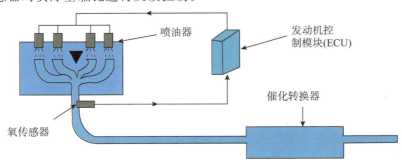

图 1-9　氧传感器反馈控制

4. 空燃比开环控制的条件

采用氧传感器的信号进行空燃比反馈控制时，原则上供给的混合气浓度是在理论空燃比 14.7：1 附近，但在以下几种工况下是不进行闭环控制的。

（1）发动机起动时以及起动后。由于发动机冷却液温度低，燃油的雾化能力差，这时需要较浓的混合气。如进行闭环控制，发动机可能会因为混合气过稀而熄火。

（2）发动机在大负荷、高转速时。要保证发动机的动力性，需要较浓的混合气。如果进行闭环控制，则因无法加浓混合气而造成发动机动力不足。

（3）加、减速燃油喷射脉冲宽度修正时或燃油供应中断时。

（4）从氧传感器送来的空燃比过浓信号持续时间大于规定值（如 10s）以上时。

（5）从氧传感器送来的空燃比过浓信号持续时间低于规定值（如 40s）以下时。

（6）氧传感器温度在 300℃ 以下时。

在以上情况中，发动机控制模块不采纳氧传感器的信号，只是根据各种运行模式下其他各个传感器检测到的信号确定一个喷油脉冲宽度，至于该脉冲宽度是否合适，发动机 ECU 暂时不予考虑。

二、任务实施

（一）识别发动机电控系统各元部件的位置

1. 设备准备

丰田卡罗拉车型（或其他车型）一辆，或电控发动机台架一部，举升机一台，通用工具一套，发动机舱防护罩一套，"三件套"（座椅套、转向盘套、脚垫）一套。

2. 实训要求

（1）能够熟练找出各传感器、执行器、ECU、电动燃油泵、继电器盒所在的位置。

（2）正确使用"三件套"、发动机舱防护罩等汽车防护物品。

（3）确保工具、零部件、油液"三不落地"，工具及拆下的零部件等都应整齐地放置在工具车及零件盘中。

3. 实训步骤

（1）打开车门，铺好"三件套"，拉动发动机舱盖手柄。

（2）打开发动机舱盖，铺好发动机舱防护罩，拆下发动机护板。

（3）找出空气滤清器、进气管道，并观察其结构及位置。

（4）找出空气流量计（或进气压力传感器）、节气门及节气门位置传感器、凸轮轴位置传感器、水温传感器、爆震传感器，并观察其各自的位置。

（5）找出各喷油器、怠速阀、点火模块（或点火线圈与点火模块的合成体），并观察其各自的位置。

（6）找出发动机舱内或驾驶室仪表板下力的配电盒（或称继电器盒），打开盖板，观察各继电器、熔断丝的位置。

（7）找出发动机舱内（或驾驶室仪表板下方）的 ECU，观察其安装位置。

（8）打开汽车行李舱，拆下行李舱底部的燃油箱盖板，观察燃油箱及电动燃油泵。

（9）按照举升机的操作要求采取相应的安全防护措施，用举升机举起汽车。

（10）从汽车底部找出曲轴位置传感器、氧传感器，并观察其各自的位置，按照相反的顺序将汽车及举升机复位，并检查复位状况是否良好。

（二）发动机舱各项油液检查

发动机舱内一般需要检查的油液项目有发动机机油液位、制动液液位、冷却液液位、变速器油液位、风窗玻璃清洗液液位等，如图 1-10 所示。

图 1-10　各项油液检查部位

1. 检查发动机机油液位

　　将车辆驶入工位，将变速器换挡杆置于 P 挡，并拉紧驻车制动器。在发动机熄火 5min 后，拔出机油尺并用洁净的棉布擦净，再将其插入发动机机油导管中，等待几秒钟，让机油完全黏附在机油尺上，再次拔出机油尺。观察机油尺上的机油痕迹，应在上刻度线"F"与下刻度线"L"之间，如图 1-11 所示。若机油油量靠近或低于下刻度线，则表示油量不足，应添加相同规格的机油。在检查机油液位的同时应对机油品质进行检查，若机油色泽发黑，闻起来有酸味，手指感觉不到黏性，像水一样流动，说明机油已经变质，需更换。

图 1-11　检查机油油量

> **小提示**
>
> 　　汽车在行驶一定时间后，发动机机油会变质，失去保护作用，导致发动机损坏，造成动力下降。不同类型的机油成分不同，更换周期也不一样。矿物质机油一般在车辆行驶超过 5000km 或行驶 6 个月就应进行一次维护；全合成机油一般在车辆行驶超过 8000～10000km 或行驶 12 个月应进行一次维护；半合成机油一般在车辆行驶超过 7500km 或行驶 12 个月应进行一次维护。

2. 检查自动变速器油量

运行车辆，使发动机和变速箱处于正常的工作温度（70℃～80℃），然后将车辆驶入工位，将变速器换挡杆置于 P 挡，并拉紧驻车制动器。踩紧制动踏板，将变速杆从 P 挡换入各挡位并短时间停留，确保每个挡位都能啮合和脱开，然后再退回 P 挡，让发动机怠速运转。拔出自动变速器油尺并用洁净的棉布擦净，再将其插入油尺孔中，再次拔出油尺，观察液面高度，液面应保持在上刻度线与下刻度线之间。同时也应检查变速器油是否存在颜色变黑、有烧焦味、存在杂质等不正常情况，如有，则应更换。

> **小提示**
>
> 　　一般情况下，国产汽车每行驶 8000～10000km 就应更换自动变速器油，进口汽车行驶 20000～40000km（或 24 个月）就应更换自动变速器油。

3. 检查冷却液液面

将车辆驶入工位，将变速器换挡杆置于 P 挡，并拉紧驻车制动器。在发动机冷态下检查冷却液储液罐，观察冷却液的液面高度，应处在储液罐壁上的上刻度线 "max" 与下刻度线 "min" 之间，如图 1-12 所示。若液面过低，应加注乙二醇型冷却液，这种类型的冷却液可以对汽车上的铝制品起到防腐蚀的保护作用。

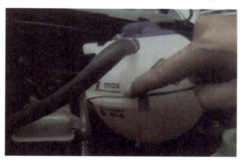

图 1-12　检查冷却液液面

> **小提示**
>
> 　　随着使用时间的增长，冷却液会出现冰点升高、沸点降低的现象，若冰点不符合规定，或观察到冷却液外观浑浊、气味异常，应进行更换。一般情况下，汽车每行驶超过 4000km 或 3 年，就应该更换冷却液。

4. 检查制动液（刹车油）油量

将车辆驶入工位，将变速器换挡杆置于 P 挡，并拉紧驻车制动器。找到制动储液罐，观察制动液的液面高度，应处在制动储液罐的最高与最低刻度线之间，如图 1-13 所示。若发现液面低于最低刻度线，就要按照维修保养手册的要求添加相同品种、型号的制动液至最高刻度线。

上刻度线

下刻度线

图 1-13　检查制动液油量

> **小提示**
>
> 　　制动液在使用过程中，会因各种因素影响而使制动效果变差，对行车安全有很大影响，必须定期更换制动液。一般汽车行驶超过 40000km 或 2 年，就应该更换制动液。现在常用的制动液主要有 DOT3 和 DOT4 两种，一般制动储液罐加液口盖上都注有此车适用的制动液类型，在更换或添加时，不要换用或混用。

5. 检查风窗洗涤液（雨刮水）液位

　　找到雨刮水箱，打开雨刮水箱加注口，观察雨刮水的液面高度，能看到液位就即可。大部分汽车的雨刮水箱上没有最低刻度线，只有"max"刻度线。若雨刮水不足，则根据实际情况添加雨刮水，添加时不要超过"max"刻度线。

> **小提示**
>
> 　　玻璃水一般没有更换周期，需要注意的是，在冬季 0℃ 以下环境中，应更换抗冻的冬季玻璃水，或者在玻璃水中加入适当比例的酒精，这样也可达到降低冰点、抗冻的目的。

（三）发动机舱其他检查内容

1. 检查空气滤清器

　　将车辆驶入工位，将变速器换挡杆置于 P 挡，并拉紧驻车制动器。拆下空气滤清器盒盖卡扣，取下盒盖。取出空气滤清器，检查是否有较多的尘土。清洁时可以轻轻拍打滤芯端面，用压缩空气枪由内向外吹气，清除滤芯上的尘土。如果空气滤清器堵塞严重，则需要更换。用柔软干净的抹布擦拭空气滤清装置的气道及壳体，装复滤芯和盒盖，如图 1-14 所示。

图 1-14　清洁空气滤芯

2. 检查发动机正时皮带

将车辆驶入工位，将变速器换挡杆置于 P 挡，并拉紧驻车制动器。拆下发动机正时皮带上罩盖，关闭点火开关，检查正时皮带松紧度。若皮带过松，则用专用工具转动张紧轮调整皮带的松紧度。若发现正时皮带有破损、裂纹、老化、脱层等现象，则需更换正时皮带。检查完毕后，将正时皮带罩盖装回原位。

3. 检查发动机传动皮带

一般要求车辆每 10000km 检查一次传动皮带，每 100000km 更换一次传动皮带。拆卸发动机护罩，检查传动皮带外观；检查发动机前端传动皮带是否安装在各皮带轮槽内，检查附近有无堆积物和漏油现象，检查皮带有无损伤、开裂；检查传动皮带松紧度，然后着车观察，让发动机分别在怠速、高速下运转，并打开空调开关，仔细聆听皮带有无异响。根据检查结果进行相应的维护或更换皮带。

4. 检查汽车线束

汽车线束是汽车内部最关键的部件之一，如果线束有故障，就会造成信号传递失效，使功能设备失去作用，或接触电阻过大发热着火，或短路着火，或绝缘层失效漏电。因此，在使用汽车时需定期对汽车线束进行检查。

检查的内容包括：线束是否存在破损、老化、粘连、松脱现象，插接器有无变形、松动、氧化、油污等现象，插接端子有无锈蚀，插接器本身、线束与插接器有无接触不良，若发现异常则应进行相应的维护。

5. 检查电源系统

使用万用表检查蓄电池电压以及发电机电压是否正常。蓄电池电压应在发动机熄火时检查，正常的电池电压应在 12V 以上；发电机电压应在发动机运行时检查，电压应在 14V 左右。以上两个电压参数的检测点均为电池的正极与负极。

（四）发动机 ECU 电源电路分析及检测

ECU 必须有合适的供电电压才能控制发动机管理系统。ECU 电源电路主要由蓄电池、EFI（电子燃油喷射）主继电器及点火开关等组成。ECU 电源电路不但要保证

ECU 在点火开关接通时能立即获得电源电压，还要保证 ECU 特定端子（如 BATT 端正）在点火开关关闭时也与电源连通（即获得不间断的电源电压）。

当点火开关接通时，ECU 经由一个保险丝获得电源电压，并将蓄电池电压（一般为 12～14V）调节到 5V 或 12V 后供给内部和外部元件使用。

当点火开关关闭时，ECU 也需要供电以保存相应的车辆参数和诊断故障码等信息。因此还有一个电路通过一个独立的保险丝不间断为 ECU 提供蓄电池电压，若此电路短路，将使 ECU 中存储的怠速学习参数、燃油修正参数、故障码等信息全部丢失。

1. 控制类型

ECU 电源电路有两种类型：未装步进电机式怠速空气控制阀的 ECU 电源电路和装有步进电机式怠速空气控制阀的 ECU 电源电路。丰田 8A-FE 发动机 ECU 电源电路为第一种类型，如图 1-15 所示。

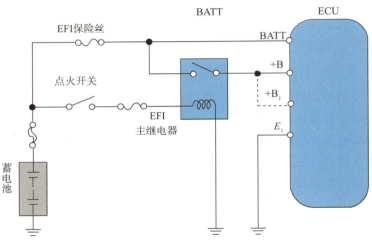

图 1-15　未装步进电机式怠速空气控制阀的 ECU 电源电路

2. 工作过程

如图 1-15 所示，EFI 主继电器由点火开关控制。当点火开关接通后，EFI 主继电器线圈得电。电流方向为蓄电池"＋"→主继电器线圈→搭铁→蓄电池"－"。

EFI 主继电器触电闭合，ECU 得电，＋B、＋B_1 为电池电压。电流流向为蓄电池"＋"→EFI 保险丝→主继电器触电→ECU→E_1 搭铁→蓄电池"－"。

当点火开关断开后，ECU 的＋B、＋B_1 端失去供电，ECU 的 BATT 端通过 EFI 保险丝长期与蓄电池连接，不受点火开关控制，以保证存储故障代码、学习空燃比修正值的存储器连续工作。

3. 电路故障检测

步骤一：使用万用表电阻挡，两表笔分别与 E1 和蓄电池负极（或车身接铁）接触，若电阻为∞，则说明搭铁不良，ECU 不工作。

步骤二：使用万用表电压挡，两表笔一端与 ECU 中＋B、＋B_1 端子接触，另一端

与蓄电池负极（或车身搭铁）接触，若电压低于 9～12V，则 ECU 不能工作。

步骤三：使用万用表电压挡，两表笔一端与 ECU 中 BATT 端子接触，另一端与蓄电池负极（或车身搭铁）接触。若没电，故障码无法保存，学习空燃比修正值丢失，发动机起动时可能不正常。

三、学习评价

1. 根据已学习过的内容，独立完成下列习题：

问题 1：查阅教材及其他资料，完成下面问题。

（1）电子控制系统主要由_____、_____和_____3 大部分组成。

（2）_____是装在发动机各个位置的信号转换装置，将反映发动机工况和汽车运行状况的参数（非电量参数）转变为电信号（电压或电流）提供给_____，使其正确地控制发动机运转。

（3）_____是电控单元指令的执行者，用来完成电控单元发出的各种指令。

（4）_____接受来自各个传感器传来的信号，并完成对这些信息的处理和发出指令控制执行器的动作。主要根据发动机运转状况和车辆运行状态确定燃油喷射量和点火时刻。

（5）发动机的控制模式主要有_____和_____两种。

（6）_____是指 ECU 根据传感器的信号控制执行器的工作，但 ECU 不去检测控制结果。

（7）_____又叫作反馈控制，它设置了某些传感器检测控制的结果并把这种结果返回给 ECU，以便 ECU 随时对原先的控制进行修正，用以调整未来的动作，使控制更精确。一般情况下，空燃比是通过_____方式进行控制的。

问题 2：查阅教材及相关维修资料，简述发动机电控系统各元件的作用并描述其失效后对车辆的影响，填入下表。

元件名称	作用	失效后对车辆的影响
空气流量计（AFS）		
进气歧管压力传感器（PIM）		
曲轴转速传感器（CPS）		
凸轮轴转速传感器（G 信号）		
冷却水温度传感器（THW）		
进气温度传感器（THA）		
节气门位置传感器（TPS）		
爆震传感器（KNK）		
氧传感器（OX）		

学习任务1

续表

元件名称	作用	失效后对车辆的影响
喷油器		
燃油泵		
EGR 阀（废气再循环）		
三元催化器		
活性炭罐电磁阀		

问题 3：在实习过程中，完成下面两个表的内容。

（1）发动机舱各项油液的检查。

工作项目	工作内容
发动机舱内油液的种类和作用	发动机舱内油液主要有哪些？ 这些油液各自的作用是什么？
发动机机油的检查	（1）安全准备。 将车辆停放在＿＿＿＿＿＿，然后在车轮前后安放＿＿＿＿＿，并安放好＿＿＿＿＿＿，拉起＿＿＿＿＿，将手动变速器置于＿＿＿＿，自动变速器应置于＿＿挡或＿＿挡。检查前要让发动机＿＿＿＿＿＿。 （2）机油液位和品质的检查。 ①机油液位正常范围：＿＿＿＿＿＿ 此次检查液位是否正常？　　□是　□否 ②机油油质检查正常现象应为＿＿＿＿＿＿＿＿＿＿＿＿＿＿＿＿＿＿＿＿＿＿＿ 此次检查油质是否正常？　　□是　□否

（2）发动机舱其他检查项目。

检查内容	检查标准	检查结果（是否正常）
空气滤清器		□是　□否
发动机正时皮带		□是　□否
发动机传动皮带		□是　□否
汽车线束		□是　□否

续表

检查内容	检查标准	检查结果（是否正常）
电源电压		□是　　□否

问题4：在实习过程中完成下面问题。

检测丰田威驰8A发动机ECU电源电路，并填写数据。

（1）在"关闭点火开关"条件下测量：

BATT－E_1端子之间的电压：_____V，是否正常？　　□是　　□否

BATT与发动机机体之间的电压：_____V，是否正常？　　□是　　□否

（2）在"打开点火开关"条件下测量：

＋B－E_1端子之间的电压：_____V，是否正常？　　□是　　□否

＋B与发动机机体之间的电压：_____V，是否正常？　　□是　　□否

＋B_1－E_1端子之间的电压：_____V，是否正常？　　□是　　□否

＋B_1与发动机机体之间的电压：_____V，是否正常？　　□是　　□否

2．完成本学习活动后，请对学习过程和结果的质量进行评价、总结，填写下列评价反馈表（表1-2）。自我评价由学习者本人填写，小组评价由组长填写，教师评价由任课教师填写。

表1-2　评价反馈表

班级		姓名		学号		日期	年月日
学习活动名称：							
自我评价	1	能按时上、下课				□是	□否
	2	着装规范				□是	□否
	3	能独立完成课后习题				□是	□否
	4	能利用网络资源、维修手册等查找有效信息				□是	□否
	5	会正确使用工量具及设备				□是	□否
	6	能识别发动机电控系统各传感器、执行器和ECU，并了解其作用				□是	□否
	7	会检查发动机舱的各种油液				□是	□否
	8	会发动机正时皮带、传动皮带、汽车线束、电源系统等的基本检查				□是	□否
	9	掌握发动机ECU电源电路的检测				□是	□否
	10	学习效果自评等级				□优　□良　□中　□差	
	11	总结与反思：					

学习任务 1

续表1-2

班级			姓名		学号				日期		年月日	
小组评价	12	在小组讨论中能积极发言					□优	□良		□中	□差	
	13	能积极配合小组成员完成工作任务					□优	□良		□中	□差	
	14	在基本检查操作中的表现					□优	□良		□中	□差	
	15	能够清晰表达自己的观点					□优	□良		□中	□差	
	16	安全意识与规范意识					□优	□良		□中	□差	
	17	遵守课堂纪律					□优	□良		□中	□差	
	18	积极参与汇报展示					□优	□良		□中	□差	
教师评价	19	综合评价等级： 评语： 教师签名：								年 月 日		

四、学习拓展

以丰田卡罗拉轿车 1.6L，发动机型号为 1ZR-FE 为例，对其 ECU 电源电路进行检测。

前面介绍过，ECU 电源电路有未装步进电机式怠速空气控制阀的 ECU 电源电路和装有步进电机式怠速空气控制阀的 ECU 电源电路两种，丰田卡罗拉 1ZR-FE 发动机 ECU 电源电路是第二种类型，如图 1-16 所示。

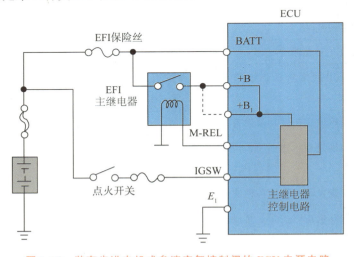

图 1-16　装有步进电机式怠速空气控制阀的 ECU 电源电路

（1）工作过程：EFI 主继电器由 ECU 控制。

当点火开关接通时，ECU 的 IGSW 端子得电，ECU 通过内部的主继电器控制电路，控制 M-REL（继电器电源）端子通电，将 EFI 主继电器触点吸合，蓄电池供电给 ECU 的 +B、+B_1 端子，使 ECU 获得工作电压。当点火开关断开时，ECU 通过 M-REL 端子继续供电让 EFI 主继电器触点延时断开，保证步进电机能有时间退回到初始位置，使旁通气道开度达到最大，为下一次起动做准备。

两种电源电路都有一条导线通过 EFI 保险丝直接从蓄电池连接到 ECU 的"+BATT"端子，其作用是不管点火开关是接通还是断开，蓄电池都能向 ECU 的随机存储器（RAM）持续供电，以保证 ECU 能随时存储故障代码、空燃比修正值等数据。所以有些车型可以拔下 EFI 保险丝一定时间（如丰田车可拔下 EFI 保险丝 10s 以上，通用车可拔下 EFI 保险丝 30s 以上）的方法来清除 RAM 中存储的故障代码。

（2）电路故障检测。

步骤一：使用万用表电阻挡，两表笔分别 E_1 和蓄电池负极（或车身搭铁）接触，若电阻为∞，则说明搭铁不良，ECU 不工作。

步骤二：使用万用表电压挡，两表笔一端与 ECU 中 IGSW 端子接触，另一端与蓄电池负极（或车身搭铁）接触，若无电，则 ECU 无工作电压。

步骤三：使用万用表电压挡，两表笔一端与 ECU 中 M-REL 端子接触，另一端与蓄电池负极（或车身搭铁）接触，若无电，则继电器不工作，应检查继电器是否正常。

步骤四：使用万用表电压挡，两表笔一端与 ECU 中 +B、+B_1 端子接触，另一端与蓄电池负极（或车身搭铁）接触，若电压低于 9~12V，说明 ECU 不能工作。

实训作业工单

实训班级		维修班组	
组员			
整车型号		车辆识别代码	
发动机型号		行驶里程	
步骤	作业记录内容		任务完成情况
一、前期准备	按 6S 标准进行工具、工位准备		□任务完成
二、安全检查	举升机的安全检查等		□任务完成

续表

实训班级		维修班组	
三、各种油液检查	①检查发动机机油油量和品质是否正常	□是 □否	
	②检查自动变速器油量和品质是否正常	□是 □否	
	③检查冷却液液面和品质是否正常	□是 □否	
	④检查刹车油油量是否正常	□是 □否	
	⑤检查雨刮水液位是否正常	□是 □否	
四、发动机舱其他检查内容	①检查空气滤清器是否存在异常	□是 □否	
	②检查发动机正时皮带是否存在异常	□是 □否	
	③检查发动机传动皮带是否存在异常	□是 □否	
	④检查汽车线束是否存在异常	□是 □否	
	⑤检查电源电压是否正常	□是 □否	
五、检测发动机 ECU 电源电路	检测发动机 ECU 电源电路是否正常	□是 □否	
六、竣工检验	①故障是否排除？	□是 □否	
	②设备器材、工量具、场地等是否整理、清洁？	□是 □否	

工单记录员：_____ 维修技师：_____ 质检员：_____

学习目标

完成本学习任务后，你应当能够：

（1）叙述供给系统各传感器部件的功用及结构原理。

（2）查找发动机供给系统各传感器部件安装位置。

（3）根据故障现象和查阅资料获取的信息，分析发动机冒黑烟的故障原因，并在教师的指导下制定故障诊断方案，完成故障诊断流程图的编制。

（4）在教师的指导下，以小组合作的方式，按照拟定的流程和规范操作的要求诊断和排除发动机冒黑烟的故障。

（5）在教师指导下，根据技术标准对维修车辆进行维修质量检验。

（6）对工作任务的完成情况进行正确评估和反思，制定发动机供给系统其他故障的诊断流程并实施。

建议学时

24 学时。

内容结构

- 空气流量计的功用与组成
- 进气歧管绝对压力传感器的功用与组成
- 燃油喷射系统主要部件功用与组成

发动机冒黑烟故障检修

- 空气流量计的安装位置
- 进气歧管绝对压力传感器的安装位置
- 燃油喷射系统主要部件的安装位置

- 分析急加速"坐车"冒黑烟故障原因
- 编制故障诊断流程图
- 检测空气流量计/进气压力传感器
- 检测水温传感器
- 检测电动燃油泵工作情况
- 检测喷油器工作情况

学习任务描述

　　一辆丰田汽车在行驶过程中出现故障灯亮，急加速时有"坐车"现象，伴随发动机转速越来越高，能闻到很大的汽油臭味，排气管有大量的黑烟，勉强开至修理厂进行诊断维修。周师傅用电脑诊断仪读取数据流，发现发动机供给系统异常，很明显是供给系统方面出现故障。如果你是维修人员，请你对该故障车进行检修排除故障。

教学活动 1　空气流量计、进气歧管绝对压力传感器的检测

一、信息收集

 **引导问题 1　空气供给系统的基本组成与功用是怎样的？**

1. 空气供给系统的基本组成

　　空气供给系统主要由空气滤清器、空气流量计或进气歧管绝对压力传感器、节气门体等组成。

2. 空气供给系统的功用

　　空气测量装置一般安装于空气滤清器后的进气管道中（图 2-1），它是测量进入气缸的空气量，并将其转化为电信号送入发动机控制单元 ECU，作为决定喷油器基本喷油量和基本点火提前角的修正信号。

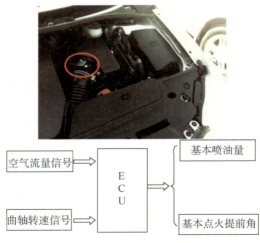

图 2-1　空气测量装置

　　在 L 型电子控制燃油喷射发动机中使用的空气测量装置主要有翼片式空气流量计、

卡门旋涡式空气流量计、线式空气流量计和热膜式空气流量计，如图 2-2（a）所示。在 D 型电子控制燃油喷射发动机中使用的是进气歧管绝对压力传感器，如图 2-2（b）所示。

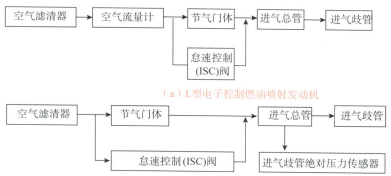

（a）L 型电子控制燃油喷射发动机

（b）D 型电子控制燃油喷射发动机

图 2-2　电子控制燃油喷射发动机

引导问题 2　空气流量计的类型有哪些？其结构及工作原理是怎样的？

1. 空气流量计的类型

在电子控制汽油喷射发动机中使用的空气流量计主要有翼片式空气流量计、卡门旋涡式空气流量计、热线式空气流量计和热膜式空气流量计。

2. 翼片式空气流量计

（1）结构。

翼片式空气流量计的结构如图 2-3 所示，它由两者铸成一体的测量翼片和缓冲翼片、安装在空气流量计壳体上的翼片转轴、安装在转轴一端的螺旋复位弹簧（安装在电位计部分内）、旁通空气道等构成。

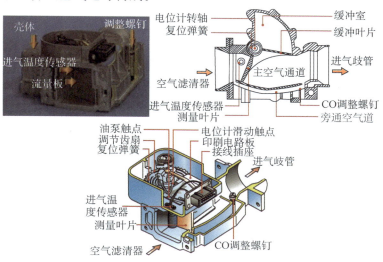

图 2-3　翼片式空气流量计的结构

（2）工作原理。

当吸入发动机的空气流过传感器主进气道时，传感器翼片就会受到空气气流压力产生的推力力矩和复位弹簧弹力力矩的作用。当空气流量增大时，气流压力对翼片产生的推力力矩增大，推力力矩克服弹力力矩使翼片偏转角度增大，直到推力力矩与弹力力矩平衡为止。进气量越大，翼片偏转角度越大，因为翼片总成和电位计的滑臂均固定在转轴上，所以在翼片偏转的同时，滑臂也随之偏转。

当空气流量增大时，端子 V_C 与 V_S 之间的电阻值减小，两端子之间输出的信号电压 U_S 降低。当空气流量减小时，气流压力对翼片产生的推力力矩减小，推力力矩克服弹力力矩使翼片偏转的角度、端子 V_C 与 V_S 之间的电阻值增大，两端子之间输出的信号电压 U_S 升高。工作原理如图 2-4 所示。

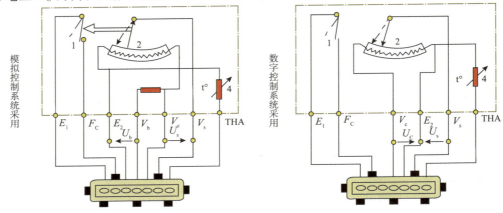

图 2-4　翼片式空气流量计的工作原理

THA—进气温度传感器信号；U_C—空气流量传感器输出信号；V_C—空气流量传感器输出信号；V_B—电源电压；F_C—油泵开关；E_2—搭铁；E_1—油泵开关搭铁

3. 热线式空气流量计

（1）结构。

热线式（又称为热丝式）空气流量计的结构如图 2-5 所示，它主要由铂丝制成的热线电阻（发热体）、温度补偿电阻、控制热线电流并输出信号的控制电路、采样管和流量计壳体等组成。

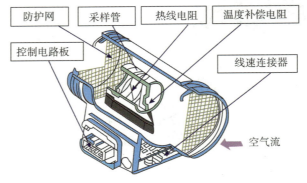

图 2-5　热线式空气流量计的结构

　　传感器内部套装有一个取样管，取样管中设有一根直径约 $70\mu m$ 的铂丝作为发热元件，并制成"Ⅱ"形张紧在取样管内。工作时，铂丝将被控制电路提供的电流加热到高于进气温度 $120℃$（称为热线电阻）。

　　（2）工作原理。

　　如图 2-6 所示，热线电阻 R_H 以铂丝制成，R_H 和温度补偿电阻 R_K 均置于空气通道中的取气管内，与 R_A、R_B 共同构成桥式电路。R_H、R_K 阻值均随温度变化。当空气流经 R_H 时，热线电阻温度发生变化，电阻减小或增大，使电桥失去平衡，若要保持电桥平衡，就必须使流经热线电阻的电流改变增大，热线电阻温度升高，以恢复其温度与阻值，精密电阻 R_A 两端的电压也相应变化，所以，流过热线电阻的空气质量越大，空气带走的热量也越多，为保持电桥平衡，维持热线电阻温度所需的电流也越大，反之则越小。热线式空气流量计正是利用流过热线电阻的空气质量与保持热线电阻温度所需电流的对应关系测量空气的流量的，并且该电压信号作为热线式空气流量计输出的电压信号送往 ECU。

　　在发动机工作时，有些电控系统在控制单元 ECU 中设有自洁电路，主要为了克服热线电阻易受污染的缺陷，在发动机熄火后，自动将热线电阻加热至 $1000℃$，持续 $1s$，将尘埃烧掉；也有一些电控系统将热线电阻的保持温度提高至 $200℃$，防止污染物沾污热线电阻。热线电阻所需的加热电流一般在 $50\sim120mA$ 之间。

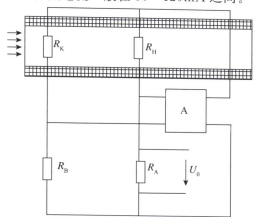

图 2-6　热线式空气流量计的工作原理
R_A—精密电阻器；R_B—精密电阻器；R_H—热线电阻器；R_K—温度补偿电阻器

4. 热膜式空气流量计

　　热膜式空气流量计的发热体不是热线而是热膜，它将热线电阻、补偿电阻（冷线）及精密电阻用厚膜工艺固定在以陶瓷为基片的树脂膜上。同时，它的分析电路比热线式空气流量量计要简单得多，而启动速度几乎相同。热膜式空气流量计的工作原理与热线式空气流量计基本相同，唯一区别在于热膜式空气流量计的发热体由热线改为热膜。热膜为固定在薄的树脂膜上的金属铂，或者用厚膜工艺将热线、冷线、精密电阻镀在一块陶瓷片上，有效地降低了制造成本。热膜式空气流量计的结构及工作原理如图 2-7 所示。

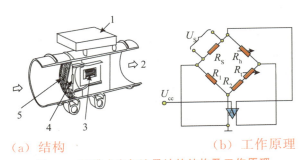

（a）结构　　　　　　　　（b）工作原理

图 2-7　热膜式空气流量计的结构及工作原理

1—控制回路；2—通往发动机；3—热膜；4—上游温度传感器；5—金属网

　　采用这种空气流量计的车型一般有上海大众的桑塔纳 2000 型时代超人、马自达 626 等。大多数国产大众系列乘用车也采用这种空气流量计。但在使用中经常会出现因空气流量计性能衰减而导致发动机出现故障的现象，但发动机 ECU 并不储存有关空气流量计的故障代码，这是因为空气流量计的性能并未完全丧失。

知识链接

卡门旋涡式空气流量计

　　在进气管道中设置一个锥体（或柱体），称为涡流发生器。当空气流过时，在涡流发生器后部将会不断产生有规律交错的漩涡，这些漩涡称为卡门漩涡。卡门涡旋的频率 f 和空气的流速 v、涡流发生器外径尺寸 d 之间有关系：$f = St \cdot v/d$。

　　根据以上原理，合理设计进气管道和涡流发生器的尺寸使发动机吸入空气的雷诺数在上述范围内，则 St 在空气测量范围的全程几乎为定值，所以只要测得卡门涡旋的频率，就可以知道空气流速。再将空气通道的有效截面积与空气流速相乘，就可以知道吸入空气的体积流量了。其特点：体积小、质量轻、进气道结构简单、进气阻力小；因输出的是数字信号，发动机 ECU 易于处理；属空气体积流量型，需要根据进气压力和进气温度对空气密度进行修正。

　　卡门旋涡式空气流量计的检测方法主要有超声波检测法和反光镜检测法两种。

　　（1）超声波检测法。

　　结构：由超声波信号发生器、超声波发射探头、涡流稳定板、涡流发生器、整流器、超声波接收探头和转换电路组成。

　　原理：卡门涡旋造成空气密度变化，受其影响，信号发生器发出的超声波到达接收器的时机变早或变晚，测出其相位差，利用放大器使之形成矩形波，矩形波的脉冲频率为卡门涡旋的频率。

　　检测：点火开关转至"ON"位置，检测 V_C 与 E_2 间电压应为 5V，K_S 与 E_2 间电压应为 2～4V。

　　（2）反光镜检测法。

　　检测部分结构：由镜片、发光二极管和光电晶体管组成。

　　原理：空气流经过发生器时，压力发生变化，经压力导向孔作用在反光镜上，使反光镜发生振动，从而将反光二极管投射的光发射给光电管。

**引导问题 3   进气歧管绝对压力传感器的类型有哪些？
其结构及工作原理是怎样的？**

进气歧管绝对压力传感器一般装于发动机机舱内，有两种安装位置：一种是通过一根真空管软管与进气歧管相接安装；另一种是直接装在节气门后方的进气歧管上，如图 2-8 所示。

图 2-8   进气歧管绝对压力传感器

D 型 EFI 系统通过进气管的压力和发动机转速推算发动机进气量，进气管的压力的测量是靠进气压力传感器完成的。

进气压力传感器是一种间接检测空气流量的传感器，其作用与空气流量计相当。ECU 根据发动机转速、节气门开度、进气管压力与进入发动机气缸的空气流量的对应关系，计算出进气量，作为决定喷油器基本喷油量和基本点火提前角的主控信号。

按检测原理，可分为压敏电阻式、电容式、膜盒式、表面弹性波式等。

在 D 型电控燃油喷射系统中应用最多的是压敏电阻式和电容式两种。

（1）压敏电阻式。

压敏电阻式进气歧管绝对压力传感器由压力转换元件和放大压力转换元件输出信号的混合集成电路（IC）等构成，如图 2-9 所示。

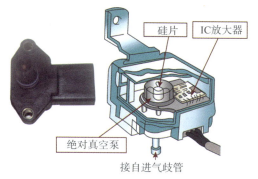

图 2-9   压敏电阻式进气歧管绝对压力传感器

压力转换元件是利用半导体压阻效应制成的硅膜片，硅膜片为约 3mm 的正方形，其中部经光刻腐蚀形成直径约 2mm、厚约 50μm 的薄膜。在膜片表面规定位置有四个应变电阻，以惠斯顿电桥方式连接，如图 2-10 所示。而硅膜片的一面是真空，另一面受进气管压力作用。在进气管压力作用下，硅片将产生变形，使硅片的电阻值发生变化，从而使电桥电压变化。电桥电压值小，在通过 IC 放大后输出，送到 ECU 的 PIM 端，ECU 的 V_{CC} 为 IC 提供一个 5V 的电源。

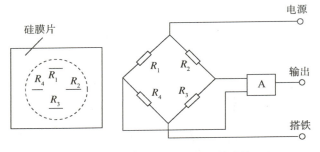

图 2-10　膜片表面应变电阻的连接

（2）电容式。

电容式进气歧管绝对压力传感器壳体内腔的弹性膜片用金属制成，弹性膜片上、下两个凹玻璃的表面也均有金属涂层，这样在弹性膜片与两个金属涂层之间形成两个串联的电容，如图 2-11 所示。

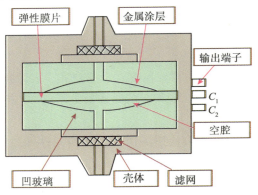

图 2-11　电容式进气歧管绝对压力传感器

如图 2-11 所示，当发动机工作时，进气管内的空气压力作用于弹性膜片上，使弹性膜片产生位移，弹性膜片与两个金属涂层之间的距离发生变化，一个距离减小，另一个距离增大；在弹性膜片与两个金属涂层之间形成的两个电容的电容量也发生变化，一个增加，另一个减小。电容量的变化量与弹性膜片的位移成正比，而弹性膜片的位移取决于上、下两个空腔的气体压力，只要弹性膜片上部空腔为绝对真空，下部空腔通进气管，则可通过检测电容量的变化来检测进气管的绝对压力。电容量的变化量再经过测量电路转换成电压信号输送给 ECU，测量电路可以是电容电桥电路或谐振电路等。

二、任务实施

（一）工量具、设备及材料准备

空气流量计、进气歧管绝对压力传感器检测所需工量具、设备及材料如表 2-1 所示。

表 2-1　工量具、设备及材料准备

资料及工量具名称	数量	是否准备	
丰田威驰 8A 发动机台架或整车	一台	是□	否□
翼片式空气流量计	一个	是□	否□
热线式空气流量计	一个	是□	否□
进气歧管绝对压力传感器（4 线）	一个	是□	否□
数字式万用表	一个	是□	否□
常用工具	一套	是□	否□
三角木	四个	是□	否□
翼子板布、前罩	一套	是□	否□
试灯	一个	是□	否□
绝缘胶布	一圈	是□	否□
专用接导线	三根	是□	否□
汽油	若干	是□	否□
维修手册等资料	一套	是□	否□

（二）翼片式空气流量计的检测

1. 电阻检测

（1）按要求拆下空气流量计。

（2）用手指拨动翼板，检查翼板的摆动是否平顺、有无破裂、卡滞和转轴是否松旷。

（3）流量计的内部电路有两种形式，用万用表分别测量流量计内各接线柱之间的电阻（图 2-12），测量结果应与各车型维修手册中的标准值一致，表 2-2 为丰田车翼片式空气流量计各接线柱间的电阻标准值。

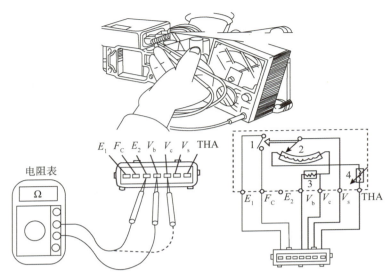

图 2-12　测量各接线柱之间的电阻

表 2-2　丰田车翼片式空气流量计接线柱间的电阻标准值

测量端	温度（℃）	翼板开启角度	电阻（Ω）
$E_2 - V_s$		完全关闭	20～100
		任何开度	20～1000
$E_1 - F_c$		完全关闭	∞
		任何开度	0
$E_2 - THA$	0		4000～7000
	20		2000～3000
	40		900～1300
	60		400～700
$E_2 - V_c$			100～300
$E_2 - V_b$			200～400
$E_2 - F_c$			∞

（4）测量流量计内的电动汽油泵开关，可用万用表测量 E_1—F_c 两端。当翼板完全关闭时，开关应断开，电阻值为无穷大；当翼板开启超过 $10°$，开关应闭合，电阻值为 0Ω。

（5）慢慢推动翼板，同时测量 E_2—V_s 两端的电阻（如图 2-13 所示）。在翼板由全闭至全开的过程中，电阻应连续变化，全开时的电阻值应符合标准值，见表 2-2。

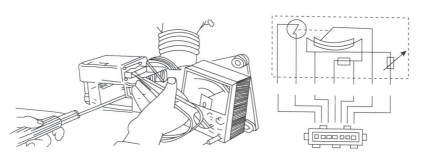

图 2-13　测量 E_2-V_s 两端的电阻

2. 电压检测

检测 ECU 侧 V_b、V_c、V_s 和 THA 与端子 E_2 间的电压。使点火开关置于"ON"，测量 V_b 与 E_2 端子间的电压应为 13.5V，V_c 与 E_2 端子间电压应为 10V，测量时轻推计量板，其值几乎不变。测量 V_c 与 E_2 端子间的电压时，不仅要读取流量计全关和全开的电压，而且要让计量板从全关状态慢慢开启，直到全开，检查电压上升情况。全闭时为 2.5V，全开时为 8V。

（三）热线式空气流量计的检测

1. 外观检查

对拆下的空气流量计进行外观检查，检查其网有无堵塞或破裂，并从进口处查看热丝是否脏污、折断。

2. 静态检查

将蓄电池正极与空气流量计插座内的 E 端子相接，负极与插座内的 D 端子相连，并将万用表置于 10V 直流电压挡，测量插座的 B、D 两端子间的电压，其值应为 (1.6 ± 0.5)V。如测得值与规定值不符，应更换或修理空气流量计。

3. 动态检查

保持上述接线状态不变，用电风扇向空气流量计进口吹入空气的同时，用电压表测量 B、D 端子间的电压，其值应为 2～4V，如图 2-14 所示。如测得值与规定值不符，应换装新的空气流量计。

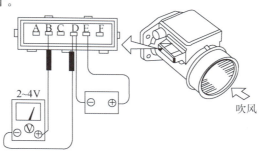

图 2-14　动态检查

4. 就车检测

接通点火开关，不起动发动机，测量如图 2-15 插座内 E 与 D 之间的电压，其值为 12V，则说明 D 端接地不良，应检查 D 与 ECU 之间的导线或 ECU 的接地线是否良好。测量 B 与 D 之间的电压，应为（1.6±0.5）V。起动发动机，测量 B、D 之间的电压，应在 2～4V 之间变化。

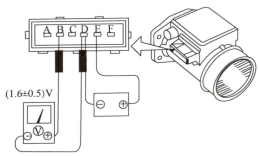

图 2-15　就车检测

5. 流量计自洁电路的检查

就车检查流量计的自洁电路时可按下述方法进行：

（1）起动发动机并加速到 2500r/min 以上。

（2）使发动机怠速运转，拆下空气流量计进口处的空气滤清器和进气管。

（3）关闭点火开关，从流量计入口处观察流量计内的热线是否能在熄火 5s 后被加热至发出红光，并持续 1s。在发动机达正常工作温度、转速超过 2500r/min 后，测量 F 端子与 D 端子之间的电压。关闭点火开关时，电压应回零并在 5s 后又跳跃上升，1s 后再回零。

若不符合要求，可进一步检查微处理器与流量计之间的线路及空气流量计。

（四）进气歧管绝对压力传感器的检测

1. 丰田威驰 8A 发动机

（1）电压检测。

①拔下传感器插头，打开点火开关。

②测量插头上 V_{CC} 端子与 E_2 端子之间的电压（图 2-16 为控制电路），电压值应为 4.5～5.5V。

③检测 PIM－E_2 的电压，电压应在 3.3～3.9V 之间。若无电压，则应检查 ECU 相应端子上的电压。若 ECU 相应端子上电压正常，则为 ECU 至传感器之间线路故障；若无电压，则为 ECU 故障。

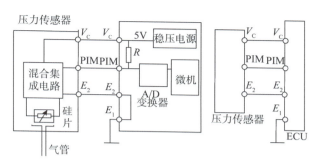

图 2-16　控制电路

（2）电阻检测。

①插回插头，拆下传感器上的软管，打开点火开关，起动发动机后，测量 ECU 连接器 PIM 与 E_2 端子间在不同压力下输出的电压，PIM 信号电压随真空度增大而增大的输出特性如图 2-17 所示。

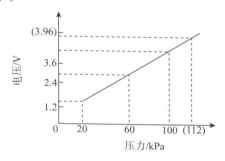

图 2-17　差动变压器式进气压力传感器的基本原理

②对传感器施以 13.3～66.7kPa 的负压（真空度），再测量 ECU 连接器上 PIM 与 E_2 端子间的电压，应符合表 2-3 所列电压值的变化规律。

表 2-3　进气歧管绝对压力传感器在不同压力下 PIM 与 E_2 端子间的电压

真空度/kPa	13.3	26.7	40	53.5	66.7
电压/V	0.3～0.5	0.7～0.9	1.1～1.3	1.5～1.7	1.9～2.1

2. 桑塔纳 2000GLi 进气歧管压力传感器的检修

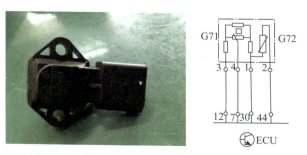

图 2-18　桑塔纳 2000GLi 进气歧管压力传感器

（1）电阻的检测。

①断开点火开关。

②拔下控制器线束插头和传感器线束插头。

③检测两插头上各端子之间导线电阻是否符合规定（表2-4）。如阻值过大或为无穷大，说明线束与端子接触不良或断路，应予以修理。

表 2-4　各端子之间导线电阻标准值

检测部位	标准值
控制器 12 端子至传感器插头 3 端子	
控制器 7 端子至传感器插头 4 端子	<0.5Ω
控制器 30 端子至传感器插头 1 端子	
控制器 44 端子至传感器插头 2 端子	

（2）电源电压的检测。

当用万用表直流电压挡就车检测电压时，接通点火开关，检测传感器端子 3 与传感器端子 1 之间的电源电压，应为 5V 左右。

当点火开关接通，发动机不起动时，检测传感器输出端导线（传感器端子 4 连接的导线）与搭铁端导线（传感器端子 1 连接的导线）之间的信号电压，应为 3.8～4.2V。

当发动机怠速运转时，信号电压应为 0.8～1.3V。当加大油门时，信号电压应随油门加大而升高。如信号电压不符合上述规定，说明传感器失效，应更换。

三、学习评价

1. 根据已学习过的内容，独立完成下列习题：

问题 1：查阅教材及其他资料，完成下面问题。

（1）空气供给系统的作用是_____。

（2）电控轿车测量空气的方式有_____、_____、_____三种。

（3）空气流量计的种类有_____、_____、_____、_____、_____五种。

（4）L 型电子控制燃油喷射系统一般使用的空气流量计是_____，D 型电子控制燃油喷射系统中的空气流量计一般是_____。

（5）在 D 型电子控制油喷射发动机中使用的是_____传感器。

（6）空气供给系统主要由_____、空气流量计或_____和节气门体等组成。

（7）进气歧管绝对压力传感器的安装位置在_____或_____上。

（8）进气歧管绝对压力传感器的功用：在_____型电子控制燃油喷射系统中，由进气歧管绝对压力传感器测量进气歧管压力，并将_____信号转变成电信号输送给发动机_____，作为决定喷油器基本_____和基本_____的主控信号。

（9）进气歧管绝对压力传感器的种类较多，按其检测原理可分为_____、__

_____、_____和表面弹性波式等。在 D 型电子控制燃油喷射系统中应用最多的是_____式和_____式两种。

（10）请总结各种空气流量计的优缺点，并填入下表。

名称	优点	缺点
翼片式空气流量计		
热线式空气流量计		
热膜式空气流量计		

问题 2：根据学习内容查阅教材，分析下面问题，在合适的□打上"√"符号。

（1）翼片式空气流量计螺旋复位弹簧安装在电位计部分内。　　　错□　　对□

（2）热线/热膜式空气流量计输出信号越大，表示进入气缸的空气量越大。

错□　　对□

（3）翼片式空气流量计输出信号越大，表示进入气缸的空气量越大。

错□　　对□

（4）卡门涡旋式空气流量计输出信号越大，表示进入气缸的空气量越大。

错□　　对□

（5）进气歧管绝对压力传感器输出信号越大，表示进气歧管负压越大。

错□　　对□

问题 3：查阅资料识图完成下面问题。

翼片式空气流量计组成结构、工作原理与检修。

（1）组成结构。

由两个铸成一体的_____和_____是主要部件，被安装在空气流量计壳体的_____上；螺旋复位弹簧安装在_____内；旁通空气道也设置在空气流量计上。

（2）工作原理。

当吸入发动机的空气流过传感器主进气道时，传感器测量翼片就会受到空气气流压力产生的_____力矩和_____力矩的作用。

当空气流量增大时，气流压力对翼片产生的推力力矩增大，推力力矩克服弹力力矩使测量翼片偏转角度增大，直到推力力矩与弹力力矩平衡为止。进气量_____，测量翼片偏转角度_____。因为翼片总成和电位计的滑臂均固定在转轴上，所以在翼片偏转的同时，滑臂也随之偏转。

当空气流量增大时，端子_____与_____之间的电阻值_____，两端子之间输出的信号电压 U_s _____。当空气流量减小时，气流压力对翼片产生的推力力矩_____，推力力矩克服弹力力矩使翼片偏转的角度_____，端子 V_c 与 V_s 之间的电阻值_____，两端子之间输出的信号电压 U_s _____。

（3）检修。

①断开（OFF）点火开关，拔开＿＿＿＿＿＿＿空气流量传感器线束插头，从车上拆下传感器。

②用手指拨动翼板，检查翼板的摆动是否＿＿＿＿＿＿、＿＿＿＿＿＿＿、＿＿＿＿＿＿和＿＿＿＿＿＿是否松旷。

③用万用表分别测量流量计内各接线柱之间的电阻，测量后完成下表。

测量端	温度（℃）	翼板开启角度	电阻（Ω）
E_2-V_s		完全关闭	
		任何开度	
E_1-F_c		完全关闭	
		任何开度	
E_2-THA	0		
	20		
	40		
	60		

热线式空气流量计的组成结构、工作原理与检修。

（1）组成结构。

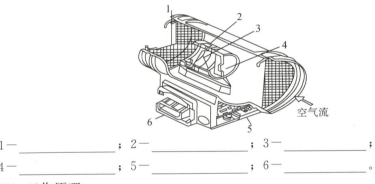

1—＿＿＿＿＿＿＿；2—＿＿＿＿＿＿＿；3—＿＿＿＿＿＿＿；
4—＿＿＿＿＿＿＿；5—＿＿＿＿＿＿＿；6—＿＿＿＿＿＿＿。

（2）工作原理。

当温度较低的进气气流流过放置在空气通道中温度较高的热线电阻时，热线电阻与空气发生＿＿＿＿＿＿交换，使热线电阻温度＿＿＿＿＿＿。通过热线电阻的空气流量＿＿＿＿＿＿，被空气带走的热量＿＿＿＿＿＿，热线电阻温度下降得也越多。发动机工作时，热线电阻所需的加热电流一般在＿＿＿＿＿＿＿之间。

为了克服热线电阻易受污染的缺陷，有些电控系统在控制单元 ECU 中设有自洁电路，在发动机熄火后，自动将热线电阻加热至＿＿＿＿＿＿＿℃，持续 1s，将尘埃烧掉；也有一些电控系统将热线电阻的保持温度提高至＿＿＿＿＿＿＿℃，防止污染物沾污热线电阻。

（3）检修。

①外观检查：对拆下的空气流量计进行外观检查，检查其网有无＿＿＿＿＿＿或＿＿＿＿

_____，并从进口处查看热丝是_____、_____。

②静态检查：将蓄电池正极与空气流量传感器插座内的 E 端子相接，负极与插座内的 D 端子相连，并将万用表置于_____V 直流电压挡，测量插座的 B、D 两端子间的电压，其值应为_____V。如测得值与规定值不符，应更换或修理空气流量计。

③动态检查：保持上述接线状态不变，用电风扇向空气流量计进口吹入空气的同时，用电压表测量 B、D 端间的电压，其值应为_____V。如测得值与规定值不符，应换装新的空气流量传感器。

④就车检测：接通点火开关，不起动发动机，测量插座内 E 与 D 之间的电压，其值为_____V，则说明 D 端接地不良，应检查 D 与 ECU 之间的导线或 ECU 的接地线是否良好。测量 B 与 D 之间电压，应为_____V。起动发动机，测量 B、D 之间电压，应在_____V 之间变化。

2. 完成本学习活动后，请对学习过程和结果的质量进行评价和总结，填写下列评价反馈表（表 2-5）。自我评价由学习者本人填写，小组评价由组长填写，教师评价由任课教师填写。

表 2-5　评价反馈表

班级		姓名		学号		日期		年月日
学习活动名称：								
自我评价	1	能按时上、下课				□是　　□否		
	2	着装规范				□是　　□否		
	3	能独立完成课后习题				□是　　□否		
	4	能利用网络资源、维修手册等查找有效信息				□是　　□否		
	5	会正确使用工量具及设备				□是　　□否		
	6	能叙述空气流量计、进气压力传感器的类型、结构与原理				□是　　□否		
	7	会检测空气流量计、进气压力传感器				□是　　□否		
	8	学习效果自评等级				□优　□良　□中　□差		
	9	总结与反思：						

班级			姓名		学号		日期	年月日			
小组评价	10	在小组讨论中能积极发言					☐优	☐良	☐中	☐差	
	11	能积极配合小组成员完成工作任务					☐优	☐良	☐中	☐差	
	12	在空气流量计、进气压力传感器操作中的表现					☐优	☐良	☐中	☐差	
	13	能够清晰表达自己的观点					☐优	☐良	☐中	☐差	
	14	安全意识与规范意识					☐优	☐良	☐中	☐差	
	15	遵守课堂纪律					☐优	☐良	☐中	☐差	
	16	积极参与汇报展示					☐优	☐良	☐中	☐差	
教师评价	17	综合评价等级： 评语： 教师签名：＿＿＿＿＿　＿＿年＿＿月＿＿日									

四、学习拓展

1. 丰田卡罗拉轿车 1.6L，发动机型号为 1ZR-FE，空气流量计的电路及检测

空气流量计分为两部分：一是空气流量部分，二是进气温度部分。

空气流量计及电路故障出现，发动机故障代码为 P10100，P0102，P0103，如表 2-6 所示。

表 2-6　丰田卡罗拉轿车 1.6L 发动机故障

DTC 号	DTC 检测条件	故障部位
P0100	空气流量计电压低于 0.2V 或高于 4.9V 达 3s（单程检测逻辑）	• 空气流量计电路断路或短路 • 空气流量计 • ECM
P0102	空气流量计电压低于 0.2V 达 3s（单程检测逻辑）	• 空气流量计电路断路或短路 • 空气流量计 • ECM
P0103	空气流量计电压高于 4.9V 达 3s（单程检测逻辑）	• 空气流量计电路断路或短路 • 空气流量计 • ECM

（1）断开质量空气流量计连接器。

图 2-19

（2）将点火开关置于 ON 位置。

（3）检测 3 端子（＋B）与搭铁，测量电压为 9～14V。

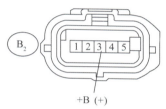

图 2-20

（4）1 与 2 端子为进气温度传感器，$THA-E_2$ 应为 4.9V 左右。

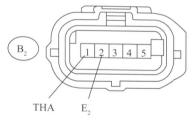

图 2-21

（5）插好空气流量计连接器，用探针测量 5 与 4 端子之间电压为 0.2～4.9V。

2. 大众速腾 2015 款 1.6L 进气歧管绝对压力传感器电路及检测

（1）接通点火开关。

（2）检测传感器端子 3 与传感器端子 1 之间的电源电压，应为 5V 左右。

（3）发动机不起动时，检测传感器输出端导线（传感器端子 4 连接的导线）与搭铁端导线（传感器端子 1 连接的导线）之间的信号电压应为 3.8～4.2V。

（4）起动发动机怠速运转，检测信号电压应为 0.8～1.3V。加大油门时，信号电压应随油门加大而升高，为工作正常；反之，应更换传感器。

实训作业工单

实训班级		维修班组	
组员			
整车型号		车辆识别代码	
发动机型号		行驶里程	

步骤	作业记录内容	任务完成情况
一、前期准备	按 6S 标准进行工具、工位准备	□任务完成
二、安全检查	举升机的安全检查、尾气排污装置及发动机外部检查等	□任务完成
三、空气流量计	①检查传感器线束是否松动	□任务完成
	②检查电阻是否为正常值	□是　□否
	③检测判断电池电压是否为正常值	□是　□否
四、进气压力传感器	①检查传感器线束是否松动	□是　□否
	②检查电阻是否为正常值	□是　□否
	③检测判断工作电压是否正常	□是　□否
五、竣工检验	①故障是否排除？	□是　□否
	②设备器材、工量具、场地等是否整理、清洁？	□是　□否

工单记录员：＿＿＿＿＿＿　维修技师：＿＿＿＿＿＿　质检员：＿＿＿＿＿＿

教学活动 2　燃油喷射系统的控制与检测

一、信息收集

 引导问题 1　燃油喷射系统的基本组成与功用是怎样的？

1. 燃油喷射系统的基本组成

燃油喷射式发动机所需的燃油是由燃油泵和喷油器供给的。通过 ECU 接收各传感器信号，为控制发动机提供准确的喷油量，如图 2-22 所示。

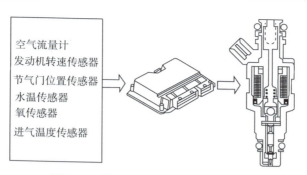

图 2-22　燃油喷射式发动机的燃油供给

电控汽油机的燃油供给系统由油箱、电动燃油泵、燃油滤清器、燃油分配管、喷油器、压力调节器等组成，如图 2-23 所示。

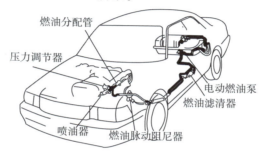

图 2-23　电控汽油机的燃油供给系统

电控燃油喷射系统主要由控制系统、燃油系统和进气系统组成。

（1）控制系统：发动机控制单元根据各个传感器传送的工况参数确定燃油的最佳喷射量和喷射时刻。

（2）燃油系统：向汽缸内提供组成混合气所需要的燃油量，其主要部件有燃油箱、燃油泵、进油管、燃油滤清器、燃油分配管、喷油器、压力调节器、回油管等。

（3）进气系统：测量和控制燃油燃烧所需要的空气量，为发动机可燃混合气的形成提供必需的空气，该系统部件主要由空气滤清器、空气流量计、节气门位置传感器、进气歧管压力传感器、进气总管压力传感器、温度传感器等组成。

2. 燃油喷射系统的功用

发动机控制模块（ECU）中存储为了各种工况条件设计的最理想空燃比数值，当发动机运行时，发动机控制模块根据检测到的空气流量信号以及各种工况信号，计算出发动机燃烧所需要的燃油量（喷油脉冲宽度），并在合适的喷射时刻开启喷油器，向进气通道中喷射适量的燃油，并与空气混合后，供给发动机。

引导问题 2　电动燃油泵的结构、功用与原理是怎样的？

1. 电动燃油泵结构与功用

电动燃油泵（图 2-24）主要由永磁式直流电动机、泵体、泵壳等组成。

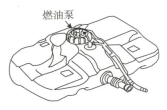

燃油泵

燃油泵

油量浮子

滤清器

图 2-24　燃油泵

电动燃油泵的功用是从油箱中吸入燃油，将油压提高到规定值，然后通过供给系统送到喷油器。

电动燃油泵为喷油器提供油压高于进气歧管压力 240～320kPa 的燃油。电动燃油泵的最高输出油压为 450～600kPa，其供油量比发动机最大耗油量大得多，多余的燃油从回油管返回油箱。

电动燃油泵只有在发动机起动和运转时才工作。在打开点火开关时，为建立系统油压，电动燃油泵往往会运行一段时间，以便发动机能顺利起动。而在其他情况下，即使点火开关接通，只要发动机没有转动，油泵就不工作。油泵工作的控制，通常是指对油泵电路开路继电器的控制。继电器触点闭合，油泵通电工作；继电器触点断开，油泵停止工作。

电动燃油泵的直流电动机和油泵做成一体，密封在一个泵壳中。按其结构主要有叶片式转子泵和滚柱式转子泵等。

滚柱式转子泵的结构如图 2-25 所示。滚柱式转子泵主要由转子、与转子偏心的定子（即泵体）以及在转子和定子之间起密封作用的滚柱等组成，按其位置可分为外装式和内装式。油泵内装不易产生气阻和燃油泄漏，噪声小。燃油泵上常装有单向止回阀（单向阀）和安全阀，单向阀的作用是在发动机熄火后，防止燃油系统的燃油泄漏回油箱内，以保持燃油系统有一定的压力，减小气阻现象，保证下次起动顺利进行；安全阀的作用是防止油路压力过高。

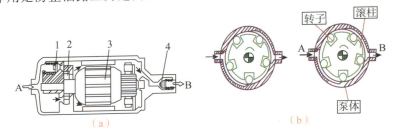

（a）　　　　　　　　　　　　　　（b）

图 2-25　滚柱式转子泵的结构

1—安全阀；2—滚柱泵；3—驱动电动机；4—止回阀；A—进油口；B—出油口

捷达、本田雅阁、丰田轿车采用的是滚柱式转子泵。

2. 电动燃油泵的工作原理

滚柱式转子泵的转子由电动机驱动，当转子在电机带动下旋转时，位于转子凹槽内的滚柱在离心力的作用下，压靠在定子的内表面上，两个相邻的滚柱之间形成一个封闭的空腔。在转子旋转过程中，这些空腔的容积随转子的转动产生变化，在容积由小变大一侧汽油被吸入，在容积由大变小一侧汽油被压出。

3. 电动燃油泵控制电路

电动燃油泵控制系统按照触发油泵运转的信号来源，可分为油泵开关控制和发动机控制模块控制。

（1）采用油泵开关控制油泵。

在安装翼片式空气流量计的电子燃油喷射系统中，通常采用油泵开关控制电动燃油泵的运行（油泵开关在空气流量计内），燃油泵工作控制电路如图 2-26 所示。

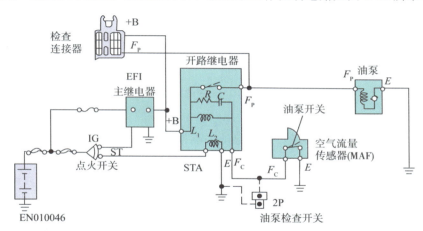

图 2-26　燃油泵工作控制电路

开路继电器是控制电路中重要的组成部分，其作用是在发动机运转时接通电源到电动燃油泵的电路。

在这种燃油喷射系统中，油泵开关装在空气流量计内。发动机起动时，点火开关的 ST（起动）端接通，开路继电器内线圈 L_1 通电，开路继电器触点闭合，电源向油泵电机供电，油泵开始工作。发动机起动后，吸入的空气使空气流量计内的翼片转动，空气流量计内的油泵开关接通，开路继电器线圈 L_1 通电。由此可见，只要发动机运转，其开路继电器触点总是处于接通状态。当发动机由于某种原因停止转动时，空气流量计内的油泵开关断开，开路继电器线圈 L_1 断电，开路继电器触点断开，燃油泵停止工作。

从图 2-26 中还可看出，油泵控制电路中有一检查连接器插座或油泵检查开关，通过它们可以很方便地判断出燃油泵是否工作。对于检查连接器，用跨接线连接插座内的＋B端子和FP端子，当点火开关位于接通（ON）位置时，蓄电池电压直接作用在燃油泵上，燃油泵应该工作，此时应能听到燃油流动的声音；否则，需要进一步检查燃油泵及其线路。对于油泵检查开关，连接油泵检查开关的接头，开路继电器被强制接通，燃油泵应工作；否则，应按电路图进一步检查燃油泵及其线路。

（2）采用发动机控制模块控制油泵。

除安装翼片式空气流量计以外的其他发动机，其油泵控制电路如图 2-27 所示。

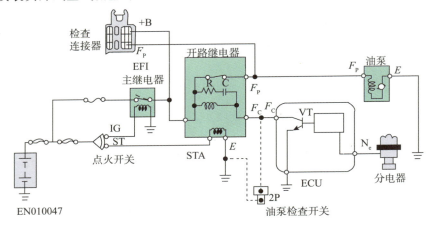

图 2-27　D 型 EFI 系统燃油泵控制电路

开路继电器的作用同前所述。

发动机起动时，点火开关的 ST（起动）端接通，开路继电器线圈 L_2 通电，其触点闭合，油泵通电工作。发动机运转时，发动机转速信号（Ne）输入 ECU 使三极管 VT 导通，开路继电器线圈 L_2 通电。因此，只要发动机运转，开路继电器触点总是闭合的。ECU 通过发动机转速信号来检测发动机运转状态。如发动机停止转动，此时没有转速信号（Ne）输入 ECU，三极管 VT 截止，开路继电器线圈 L_2 断电，其触点断开，燃油泵停止工作。

①当点火开关打开到"ON"时，主继电器接通，线圈 L_1、L_2 不导通，断路继电器断开，电动燃油泵不工作，如图 2-28 所示。

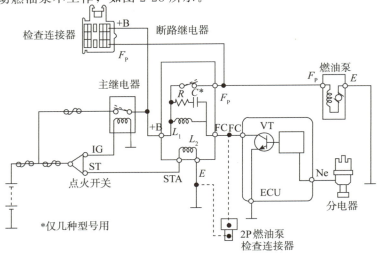

图 2-28　点火开关处于"ON"时燃油泵控制电路

②点火开关打到"ST"（起动）时，电流通过断电器线圈 L_2 通电产生磁场，使断路继电器闭合，燃油泵工作，如图 2-27 所示。

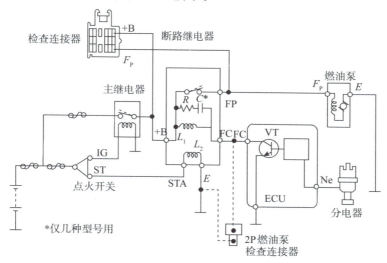

图 2-29　点火开关处于"ST"时燃油泵控制电路

③起动后，点火开关又从"ST"回复到"ON"位置，线圈 L_2 断电；发动机运转的同时，发动机 ECU 收到曲轴转速传感器的 Ne 信号，控制三极管接通，线圈 L_1 通电，断路继电器继续接通，燃油泵工作，如图 2-30 所示。

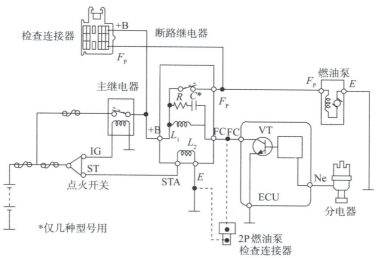

图 2-30　起动后点火开关回位"ON"时燃油泵控制电路

④关闭点火开关，主继电器断开，断路继电器中＋B 断电，燃油泵不工作，如图 2-31 所示。

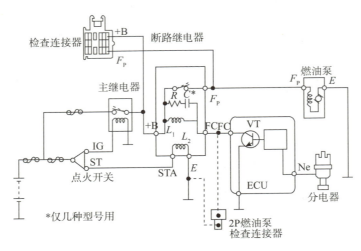

图 2-31　点火开关关闭时燃油泵电路

4. 电动燃油泵转速的控制

燃油泵在发动机低速或中小负荷下工作时，需要的供油量相对较小，此时油泵也应低速运转，这样可减少油泵的磨损、噪音以及不必要的电能消耗；而在发动机高转速或大负荷下工作时，需要供油量相对较大，此时油泵应高速运转，以增加油泵的泵油量。一般燃油泵转速控制分低速和高速两级。

目前常见到的燃油泵转速控制方式有两种：利用串联电阻器控制燃油泵的转速、利用燃油泵控制模块（ECU）控制燃油泵的转速。

（1）利用串联电阻器控制燃油泵的转速。

如图 2-32 所示为电阻器式燃油泵转速控制电路。丰田佳美就用这种控制方式，它在燃油泵控制电路中，增设一个电阻器（降压电阻）和油泵控制继电器（或叫作电阻器旁路继电器）对燃油泵转速进行二级控制（高速、低速）。发动机工作时，发动机控制模块（ECU）根据发动机转速和负荷，对油泵控制继电器进行控制，油泵控制继电器则控制电阻器是否串入油泵电路中，以此控制电源加到油泵电机上的不同电压，进而实现燃油泵转速变化。

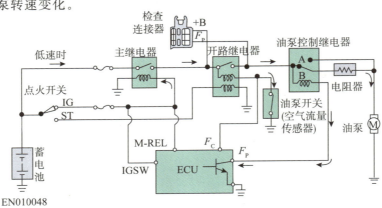

图 2-32　电阻器式燃油泵转速控制电路

（2）利用燃油泵控制模块（ECU）控制燃油泵的转速。

该种方式为了对燃油泵进行控制，特别是燃油泵转速的控制，专设一个控制油泵工作的燃油泵控制模块（ECU），如图 2-33 所示。丰田皇冠 3.0 和 1993 年以后的凌志 LS400 就用这种方式对油泵转速进行二级控制（高速，低速）。油泵控制模块（ECU）对油泵转速（泵油量）的控制，是通过控制加到油泵电机上的电压来实现的。当发动机在起动阶段或高转速。大负荷下工作时，发动机控制模块向油泵控制模块的 FPC（油泵控制）端子输入一个高电位信号，此时油泵控制模块（ECU）的 FP 端子向油泵电机供应较高的电压（相当于蓄电池电压），使油泵高速运转。

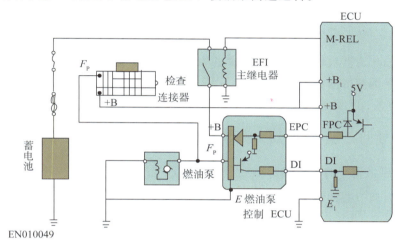

EN010049

图 2-33　利用燃油泵控制模块（ECU）控制燃油泵的转速

发动机起动后，在怠速或小负荷下工作时，发动机控制模块（ECU）向燃油泵控制模块的 FPC 端输入一个低电位信号，此时燃油泵控制模块的 FPC 端子向燃油泵电机供应低于蓄电池的电压（约 9V），使燃油泵低速运转。

当发动机的转速低于最低转速（如 120r/min）时，燃油泵控制模块断开燃油泵电路，使燃油泵停止工作，所以，尽管此时点火开关处于接通状态，燃油泵也不工作。图 2-33 中发动机控制模块与燃油泵控制模块间的 DI 电路，为燃油泵控制模块的故障诊断信号线路。

引导问题 3　燃油滤清器的作用是怎样的？

燃油滤清器串联在供油管路上，如图 2-34 所示，它的作用是在燃油进入燃油导轨之前把含在油中的水分和氧化铁、粉尘等杂物除去，防止燃油系统堵塞（特别是喷油器处），确保发动机稳定运行，提高可靠性。

图 2-34　燃油滤清器

如果燃油滤清器被堵塞或过脏，输出油压将降低，造成起动困难和发动机功率损耗等，所以燃油滤清器必须定期更换，一般采用纸质滤心，每行驶 20000～40000km 或 1 到 2 年应更换。如果燃油杂质含量大时，更换的里程间隔应相应缩短。

引导问题 4　燃油压力调节器的结构和工作原理是怎样的？

1. 燃油压力调节器的结构

燃油压力调节器的结构如图 2-35 所示。

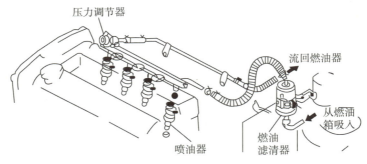

图 2-35　燃油压力调节器的结构

电控燃油喷射系统中的燃油压力调节器一般安装在供油总管上，如图 2-36 所示，采用膜片式结构，如图 2-37 所示。燃油压力调节器是一个金属壳体，中间通过一个卷边的膜片将壳体内腔分成两个小室：一个是弹簧室，内装一个带预紧力的螺旋弹簧作用在膜片上，弹簧室由一真空软管连接至进气歧管；另一个为燃油室，直接与燃油导轨相通。当燃油导轨的燃油进入燃油室的油压超过预定的数值时，燃油压力就将膜片上顶，克服弹簧压力，使膜片控制的阀门打开，燃油室内的过剩燃油通过回油管流回到燃油箱中，因而使供油总管及压力调节器燃油室的油压保持在预定的油压值上。

图 2-36　电控燃油喷射系统中的燃油压力调节器

图 2-37　膜片式结构

　　燃油压力调节器如图 2-38 所示，其作用是保持燃油分配管中的油压与进气歧管压力的差值始终恒定（约 0.3MPa），进气管的压力波动时对喷油量不会产生作用。发动机停转时，压力调节器单向阀关闭，从而在压力调节器和油泵单向阀之间产生一个恒定的保持压力。

图 2-38　燃油压力调节器

2. 燃油压力调节器的工作原理

　　发动机工作时，燃油压力调节器膜片上方承受的压力为弹簧压力和进气歧管内气体的压力之和，膜片下方承受的压力为燃油压力，当压力相等时，膜片处于平衡位置不动。当进气管内气体压力下降时，膜片向上移动，回油阀开度增大，回油量增多，使输油管内燃油压力也下降；当进气管内气体压力升高时，燃油的压力也升高。如图 2-39 所示。

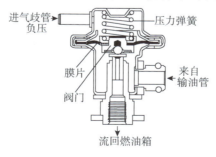

图 2-39　燃油压力调节器的工作原理

引导问题 5　燃油脉动衰减器的作用是怎样的？

在喷油器喷油时，油路中的油压可能会产生微小的波动，燃油脉动衰减器的作用就是降低这种波动，并降低噪音。

燃油脉动衰减器内部由膜片和弹簧组成，起减震作用，如图 2-40 所示。燃油脉动衰减器一般安装在燃油导轨上或设置在电动燃油泵上，虽然安装位置不同，但其作用是一样的。

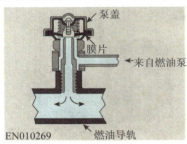

图 2-40　燃油脉动衰减器的结构

以安装在燃油导轨上的燃油脉动衰减器为例介绍其工作原理。来自燃油泵的燃油先到燃油脉动衰减器，然后流回燃油导轨。但燃油压力过高时，膜片压缩弹簧使膜片前部空间增大，使本来过高的燃油压力趋于缓和；当油压过低时，弹簧伸张使膜片前部空间减小，从而使油压略有上升。

引导问题 6　喷油器的结构及工作原理是怎样的？

1. 喷油器的结构

按喷油口的结构不同，喷油器可分为轴针式和孔式两种，如图 2-41 所示。

（a）孔式　　　　　　　　（b）轴针式

图 2-41　喷油器

　　喷油器主要由外壳、喷油嘴、针阀、套在针阀上的衔铁、回位弹簧、电磁线圈和电插接器等组成，如图2-42所示（针阀与衔铁制成一体）。轴针式喷油器的针阀下部有轴针伸入喷口。

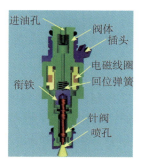

图 2-42　喷油器的结构

2. 喷油器的工作原理

　　喷油器不喷油时，回位弹簧通过衔铁使针阀紧压在阀座上，防止滴油。当电磁线圈通电时，产生电磁吸力，将衔铁吸起并带动针阀离开阀座，同时回位弹簧被压缩，燃油经过针阀并由轴针与喷口的环隙或喷孔中喷出。当电磁线圈断电时，电磁吸力消失，回位弹簧迅速使针阀关闭，喷油器停止喷油。

　　电控喷油器是一种加工精度非常高的的精密器件，一般不容易损坏。喷油器喷油质量下降后通常使用专用喷油器清洗器进行清洗。

　　喷油器的燃油喷射量特性反映了喷油器的实际供油过程。

　　（1）喷油器静态喷射量。

　　喷油器的静态喷射量是指喷油器在规定的压力下，使针阀保持在最大开度位置时单位时间内喷射的燃油量。

　　（2）喷油器动态喷射量。

　　喷油器的动态喷射量是指某一通电时间内的燃油喷射量（mm^3），一般以通电时间为 2.5ms 时每一针阀行程的喷射量来表示，单位是 mm^3/str（立方毫米/行程）。

　　喷油器的喷射量特性，一般是指喷油器动态喷射量随喷油器电磁线圈通电时间的变化规律，它反映出喷油器通电脉冲宽度的大小与每次喷油量之间的变化关系。

　　喷油器的喷油工作是按照喷油针阀的工作特性工作的，即发动机工作时，喷油器每通电一次，喷油器按照针阀的工作特性重复工作一次。

　　喷油器一旦发生故障，将造成喷油量偏少、过多、不喷油或者泄漏等现象，导致喷油雾化效果变差，最终出现发动机动力下降、排气管冒黑烟等故障。

　　喷油器的故障主要有针阀处过脏、堵塞、磨损、泄漏、电磁线圈损坏、雾化状况不好、安装有问题。

　　各汽缸喷油器的喷油量相差太大，也会造成整个发动机运转不平稳。

3. 燃油喷射系统喷油正时的控制电路

　　喷油正时是指喷油器在什么时刻（相对于发动机曲轴转角位置）开始喷油。

　　对于采用多点间歇性燃油喷射方式的发动机来说，按照喷油时刻与曲轴转角的关系，可分为同步喷射和异步喷射两类。同步喷射是指与发动机曲轴转动同步，在固定的曲轴转角位置时进行喷射；异步喷射与曲轴转角无关，如发动机冷起动和急加速时的临时生喷射。另外，采用卡门涡旋式空气流量计的发动机，其喷油器的开启时间与进气涡流的频率同步。

同步喷射发动机又分为同时喷射、分组喷射和顺序喷射三种基本类型，它们对喷油正时的要求各不相同。

（1）同时喷射。

特点：所有各缸喷油器由 ECU 控制同时喷油和停油。

采用同时喷射方式的喷油器的控制电路和控制程序都比较简单，其控制电路如图2-43所示。从图中可以看出，所有的喷油器是并联的。发动机控制模块（ECU）根据曲轴位置传感器（CKP）产生的基准信号，发出脉冲控制信号，控制功率三极管的导通和截止，从而控制各喷油器电磁线圈电路同时接通和切断，使各缸喷油器同时喷油。通常曲轴每转一转，各缸喷油器同时喷射一次，其喷油正时见图2-44。

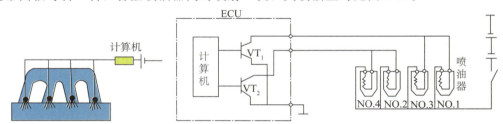

图 2-43　同时喷射的喷油器控制电路

喷射	360°		点火				
1缸	进	压 ⚡	功	排	进	压 ⚡	功
3缸	排	进	压 ⚡	功	排	进	压 ⚡
4缸	功	排	进	压 ⚡	功	排	进
2缸	压 ⚡	功	排	进	压 ⚡	功	排

图 2-44　同时喷射的喷油正时

同时喷射方式是所有气缸的喷油器同时喷油，所以喷油正时与发动机进气、压缩、做功、排气等工作循环没有关系，早期生产的燃油喷射发动机大多采用同时喷射方式。其缺点是由于各缸对应的喷射时间不可能最佳，造成各缸的混合气形成不均匀。但这种喷射方式不需要气缸判别信号，而且喷射驱动回路通用性好，其电路结构与软件都较简单，因此，这种喷射方式还在继续使用，如国产富康1.6A系列轿车。

（2）分组喷射。

特点：把所有喷油器分成2～4组，由ECU分组控制喷油器。

发动机控制模块（ECU）控制各组喷油器轮流交替进行燃油喷射。四缸发动机一般将喷油器分为两组，其控制电路如图2-45所示。每一个工作循环中，各喷油器均喷射一次或两次。图2-46为分组喷射的喷油正时。夏利2000型汽车采用这种喷射方式。

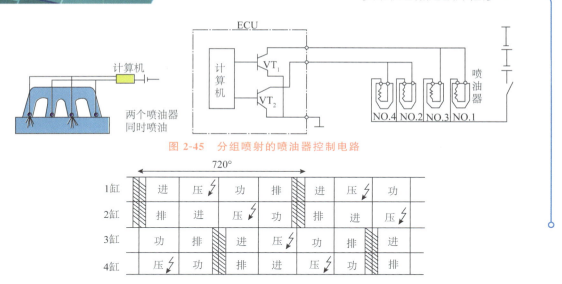

图 2-45　分组喷射的喷油器控制电路

		720°							
1缸		进	压 ⚡	功		排		进	压 ⚡	功
2缸		排	进	压 ⚡	功		排		进	压 ⚡
3缸		功	排	进	压 ⚡	功		排		进
4缸		压 ⚡	功		排	进	压 ⚡	功		排

图 2-46　分组喷射的喷油正时

相较于同时喷射的发动机，采用分组喷射的发动机在性能方面有所提高，主要体现在能有更多的气缸在合适的时候喷射燃油，改善了混合气的均匀性。

（3）顺序喷射。

特点：喷油器驱动回路数与气缸数目相等。

曲轴每转两圈，各缸的喷油器按照发动机的点火顺序，依次在最合适的曲轴转角位置进行燃油喷射。这种喷射系统应用广泛，如切诺基、桑塔纳、帕萨特、捷达等轿车都用这种喷油系统。顺序喷射系统的控制电路如图 2-47 所示。各缸喷油器分别由发动机控制模块（ECU）的一个功率放大电路控制。功率放大器回路的数量与喷油器的数目相等。

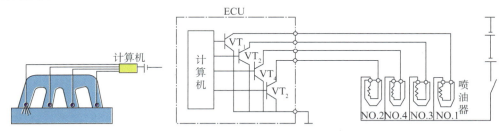

图 2-47　顺序喷射系统的控制电路

采用顺序喷射方式的发动机控制模块需要"知道"在哪一时刻该向哪一缸喷射燃油，因此必须具备气缸识别信号，通常叫作判缸信号，该信号多来自曲轴位置传感器（CKP）和凸轮轴位置传感器（CMP）。采用顺序喷射控制时，应具有正时和缸序两个控制功能。发动机控制模块工作时，通过曲轴位置传感器输入信号（Ne信号），就可以知道活塞在上止点前的具体位置，再与凸轮轴位置传感器的判缸信号（G1 和 G2 信号）相配合，可以确定哪一缸在上止点，同时还可以判定是处于压缩行程还是排气行程。因此，当发动机控制模块根据判缸信号、曲轴位置信号，确认该缸处于排气行程且活塞运动至上止点前某一位置时，便输出喷油控制指令，接通喷油器电磁线圈的搭铁电路，该缸喷油器即开始进行燃油喷射。如图 2-48 为顺序喷射的喷油正时。

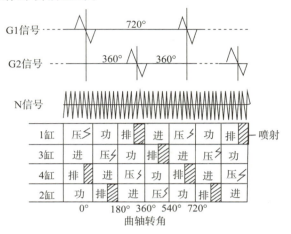

图 2-48　顺序喷射的喷油正时

知识链接

汽车一般有三条燃油管：

（1）供油管：其作用是将燃油从燃油箱输送到发动机。

（2）回油管：其作用是使多余的燃油返回燃油箱。

（3）燃油蒸气排放管（仅某些车型有）：其作用是将碳氢化合物气体（即挥发的燃油蒸气）从燃油箱内送至活性炭罐。

燃油管有的是钢质的硬管，也有的是尼龙的软管。这三条燃油管通常装在车身地板下或车架下。为防止路面飞起的石子损坏管道，一般安装有防护板。由于发动机的振动，在燃油管与其他部件的连接处要用橡胶软管。

注意：

（1）安装尼龙燃油管时，长度必须合适，若过长可能导致油管弯曲，造成燃油阻力过大。

（2）尼龙燃油管有特殊的公、母接头，有些是塑料的，可以用手松开，但有些则可能需要用专用工具（如通用公司使用的 J37088-A 或 J39504），具体应参照相应车型的维修手册或中车在线网的维修数据库。

（3）在松开油管接头时，一定要先释放燃油系统的压力，然后向两个方向来回拧 1/4 圈，以松动内部可能有的脏物。然后用压缩空气将脏物吹干净后，利用专用工具（如通用公司使用的 J37088—A 或 J39504），将工具插入母接头向内推一下（松开锁片），再往外一拉即可。

（4）燃油管的接头内装有 O 形圈，以防止漏油。这些 O 形圈不能重复使用，维修时必须全部更换。在连接燃油管之前，应用干净的发动机机油润滑 O 形圈。

（5）安装油管接头时，先将油管的两头清除干净，然后用干净的发动机机油润滑公接头，最后将两个油管接头压到一起，应该能听到"咔"的一声响。安装完后拉一拉两边的油管看是否完全卡住。

（6）有的油管接头之间是用连接螺母或接头螺栓连接的，连接时必须先用手将连接螺母或接头螺栓拧紧（至少拧两圈以上），再用相应的工具按规定的力矩将连接螺母或接头螺栓拧紧。若直接用工具拧螺钉，有可能损坏螺母或螺栓的螺纹。

（7）有些金属管和橡胶管连接后是用卡子坚固的，对这种连接，必须注意卡子的安装位置（应该卡在金属管外侧的凸出处）。

（8）在脱开高压燃油管接头时，会有大量的燃油喷出，所以此时应在接头下部放置合适的容器，并慢慢拆卸油管接头。

（9）在脱开高压燃油管接头时，必须远离火源和手灯，而且旁边必须配备灭火器。

引导问题 7　温度传感器的结构及工作原理是怎样的？

为了确定发动机的温度状态，正确地控制燃油喷射、点火正时、怠速转速和尾气排放，提高发动机的运行性能，发动机控制模块需要连续精确地监测冷却液的温度和进气温度。从结构上讲，温度传感器有绕线电阻式、热敏电阻式、扩散电阻式、半导体晶体管式、金属芯式和热电耦式等。应用较多的是绕线电阻式和热敏电阻式温度传感器。温度传感器常用的热敏电阻可分为正温度系数型热敏电阻、负温度系数型热敏电阻、临界温度型热敏电阻和线性热敏电阻。汽车普遍采用的是负温度系数型热敏电阻。从检测对象方面，温度传感器包括冷却液温度传感器和进气温度传感器。

（1）冷却液温度传感器（THW）。

冷却液温度传感器的结构以及与发动机 ECU 的连接电路如图 2-49 所示。

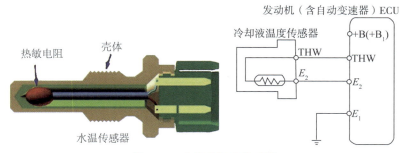

图 2-49　冷却液温度传感器

冷却液温度传感器安装在冷却液出水管上，如图 2-50 所示，用于检测发动机冷却液的温度，并将温度信号变换为电信号传送给发动机 ECU。发动机 ECU 根据发动机的温度信号修正喷油时间和点火时间，从而使发动机工况处于最佳运行状态。

图 2-50　冷却液温度传感器的位置

（2）进气温度传感器。

进气温度传感器安装在 D 型的空气滤清器或进气管内，安装在 L 型的空气流量计内，如图 2-51 所示。

图 2-51　进气温度传感器的位置

进气温度传感器的核心部件是负温度系数的热敏电阻，也就是当温度升高时传感器的电阻明显减小，它用来检测发动机的进气温度。

在 ECU 中有一标准电阻与传感器的热敏电阻串联，并由发动机 ECU 提供标准电压，E_2 端子通过 E_1 端子搭铁。当热敏电阻随进气温度变化时，发动机 ECU 通过 THA 端子测得的分压值随之变化，发动机 ECU 根据此分压值判断进气温度，将温度的变化转换为电信号送到发动机 ECU 中，发动机 ECU 根据该信号对喷油量和点火时间进行修正。进气温度传感器的控制电路如图 2-52 所示。

图 2-52　进气温度传感器的控制电路

二、任务实施

（一）工量具、设备及材料准备

燃油喷射系统检测所需工量具、设备及材料如表 2-7 所示。

表 2-7　工量具、设备及材料准备

资料及工量具名称	数量	是否准备	
丰田威驰 8A 发动机台架或整车	一台	是□	否□
数字式万用表	一个	是□	否□
燃油压力表	一套	是□	否□
常用工具	一套	是□	否□
三角木	四个	是□	否□
翼子板布、前罩	一套	是□	否□
试灯	一个	是□	否□
绝缘胶布	一圈	是□	否□
专用接导线	三根	是□	否□
化油器清洗剂	一瓶	是□	否□
汽油	若干	是□	否□
碎布	若干	是□	否□
维修手册等资料	一套	是□	否□

（二）电动燃油泵的检测

1. 电阻检测

用万用表欧姆挡测量电动燃油泵上两个接线端子间的电阻（图 2-53），即为电动燃油泵直流电动机线圈的电阻，其阻值应为 2～3Ω（20℃时）。如电阻值不符，则须更换电动燃油泵。

图 2-53　电阻检测

2. 电压检测

（1）不起动发动机，拔下电动燃油泵的线束插头。

（2）将电动燃油泵从车上拆下，放在装有燃油的油盘内。

（3）用蓄电池与电动燃油泵的接线端子连接（正负不能接错），观察电动燃油泵是否工作正常，如不转动，则应更换电动燃油泵（图 2-54）。

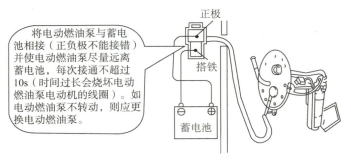

将电动燃油泵与蓄电池相接（正负极不能接错）并使电动燃油泵尽量远离蓄电池，每次接通不超过10s（时间过长会烧坏电动燃油泵电动机的线圈）。如电动燃油泵不转动，则应更换电动燃油泵。

正极
搭铁
蓄电池

图 2-54　电压检测

3. 就车检测

（1）打开油箱盖，然后打开点火开关（不要起动发动机），能听到电动汽油泵运转 3～5s 后又停止，说明电动汽油泵工作正常。

（2）在打开点火开关或启动起动机后，在发动机上方仔细听有无"嘶嘶"的燃油流动声，也可以用手检查进油软管有无压力（图 2-55）。如有"嘶嘶"的燃油流动声，或进油软管有压力，说明电动汽油泵工作正常。

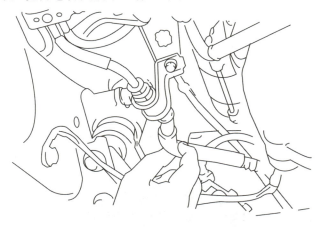

图 2-55　就车检测

（3）拆下发动机进油管，打开点火开关或启动起动机，若此时油管内有大量汽油流出，说明电动汽油泵工作正常。

4. 测量电动燃油泵的工作压力

在测量电动燃油泵的工作压力时，应进行卸压，卸压时应按以下步骤进行：

（1）拔下电动燃油泵的继电器（或拔下电动燃油泵的电源插头）。

（2）打开点火开关，并起动发动机。

（3）待发动机自行熄火后，再转动点火开关起动发动机 2～3 次，燃油压力即可完全释放。

（4）关闭点火开关，装上电动燃油泵的继电器。

（5）拆下蓄电池负极电缆。

（6）在燃油管道上选择燃油压力表便于安装和观察的部位（如燃油滤清器油管接头、分配油管进油接头或冷起动喷油器油管接头处），将燃油压力表串联到管路内（注意在拆开螺栓或油管时应用一块棉布包住油管接头，以防汽油溅到发动机上）。

（7）重新接上蓄电池的负极电缆，并将出油口塞住，一般压力为 250～320kPa。

（8）打开点火开关持续 10s 左右（不要起动发动机），此时电动燃油泵工作，读出此时油压表的压力，该压力即为电动汽油泵的最大压力，此值通常可达 490～640kPa。如不符合此值，应更换电动燃油泵。

（9）电动燃油泵的最大供油压力符合标准后可关闭点火开关，5min 后再观察油压表的数值，其值应大于 340 kPa。如不符合此值，应更换电动燃油泵（图 2-56）。

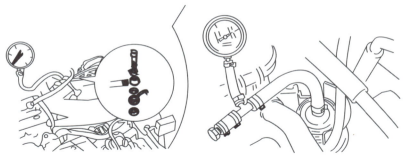

图 2-56　更换电动燃油泵

（三）燃油压力调节器的检测

1. 检查供油系统油压

（1）将油压表连接到燃油分配管上，起动发动机并怠速运转，此时，油压表压力为 250kPa 左右。

（2）突然加大节气门开度，油压表压力应达到 320kPa 左右。

（3）拔下燃油压力调节器上的真空管，油压表压力必须高于 50kPa，否则燃油压力调节器工作不良，应更换新件。

2. 检查供油系统的密封性能和保压能力

（1）起动发动机并怠速运转，使油压表压力达到 250kPa。

（2）断开点火开关，等待 10min 后，油压表压力必须高于 200kPa。如压力低于200kPa，则再次起动发动机怠速运转。

（3）油压表压力达到额定值后，断开点火开关，并用包上软布的钳子夹往回油管（图 2-57）。

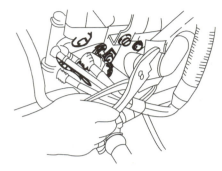

图 2-57　夹回油管

（4）等待 10min 后，观察油压表压力是否高于 200kPa，如高于 200kPa，说明燃油压力调节器有泄漏，应更换。

3. 拆卸检查

拆下燃油压力调节器的进油管和真空软管，这时两者之间应不通；否则，表明有泄露，应更换。

（四）燃油滤清器的检查

（1）拆下燃油滤清器的进、出油口的油管。

（2）将燃油滤清器内的燃油倒出，观察燃油是否有杂质或油质过脏。如有杂质或油质过脏，应更换。

（3）检查完后，将燃油滤清器装回原位（注意：带有箭头一端朝发动机油管），燃油滤清器外壳上的箭头表示燃油的流动方向。安装燃油滤清器时，不允许倒装，如果将燃油滤清器倒装，则必须更换。

（五）喷油器的检测

1. 喷油器工作情况的简单检查

（1）用手触试或用听诊器检查喷油器针阀开闭时的振动声响（如图 2-58 所示）。

图 2-58　检查喷油器针阀开闭时的振动声响

（2）检查喷油器的工作声音和发动机转速之间的关系。

2. 电磁线圈电阻的测量

（1）拔下喷油器的导线连接器。

（2）用万用表正、负两根表笔分别测量喷油器上两个接线端子间（电磁线圈）的电阻值（图 2-59）。在 20℃ 时，高电阻型喷油器的电阻值应为 12～16Ω，低电阻型喷油器的电阻值应为 2～5Ω。如果电阻值不符，应更换喷油器。

图 2-59　测量两接线端子间的电阻值

3. 喷油量的检查

喷油质量检查包括喷油量、雾化和泄漏检查。此项检查可在专用的喷油器清洗机实验台上进行，如需要用仪器清洗喷油器，应释放燃油系统的油压后，将各个喷油器拆下放置在超声波喷油器清洗机上，直接观察喷油状况和喷油量，喷油状况如图 2-60 所示，也可以在车上进行检查。

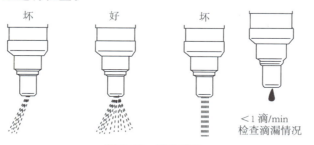

图 2-60　喷油状况

（1）拆下燃油分配管和喷油器。

（2）在喷油器下方放一干净托盘和量杯，如图 2-61（a）所示，接通点火开关（但不起动发动机）或用连接线连接检查连接器的端子 +B 与 F_P，使电动燃油泵运转。

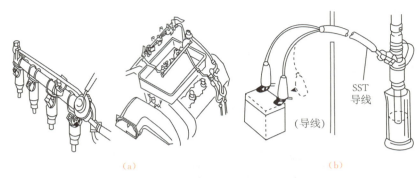

（a）   （b）

SST
导线

（导线）

图 2-61　喷油量的检查

（3）用专用连接线依次连接各缸喷油器，并按如图 2-61（b）所示将蓄电池与喷油器连接好。

（4）将检查的喷油器接线通电 15s，用量筒测出喷油器的喷油量，并观察燃油雾化情况。每个喷油器测试 2～3 次，检查喷雾质量（正常喷射角度为 45°）和喷油量，一般通常为 50～60mL/15s，同一台发动机各缸喷油量之差应小于总油量的 10%。如不符合要求，则应清洗或更换喷油器。

4. 喷油器及控制电路的测试

（1）单件检查喷油器线圈的电阻。

①断开点火开关，拔下喷油器的插头，用万用表电阻挡测量喷油器电磁线圈的电阻值。

②接好喷油器线束插头，并起动发动机让其怠速运转发动机，用手触摸喷油器应有振动感，或用听诊器探针接触喷油器，应能听到清脆的"嗒嗒"声（电磁阀开、关声）；否则，说明该喷油器不工作。

（2）就车检测。

检测电阻、电压值的步骤如下（图 2-62）：

①检查喷油器两脚之间的电阻，应在标准范围之内。

②点火开关打开时，检查喷油器插口 1♯与壳体搭铁之间的电压应为蓄电池电压。

③插口 1♯电压正常，且与主继电器之间线路正常时，将一个二极管试灯接在两插口上。

④起动发动机二极管应点亮，否则检查转速传感器或更换发动机电脑。

图 2-62　就车检测

5. 断缸检查

（1）起动发动机热车后使其怠速运转。

（2）依次拔下各缸喷油器的线束插头，使喷油器停止喷油，进行断缸检查。若拔下某缸喷油器线束插头后，发动机转速无明显下降，说明该缸不工作或工作不良，可能是喷油器不工作，应作进一步的检查。

（五）温度传感器的检测

1. 冷却液温度传感器

（1）电阻检测。

①拆下冷却液温度传感器，在容器中放入冷却液，并放入温度计，再将传感器下部放入冷却液中。

②用万用表测量低温下传感器的电阻值，再将冷却液逐渐加热，测量不同温度下传感器的阻值，如图 2-63（a）所示。不同温度下传感器的阻值应符合标准，如图 2-63（b）所示。

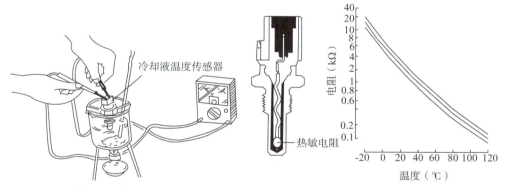

（a）冷却液温度传感器的检测　　　（b）冷却液温度传感器电阻值

图 2-63　冷却液温度传感器的电阻检测

（2）就车检测。

就车检测冷却液温度传感器时，可拔下传感器上的插头，用万用表测量传感器的电阻值，其电阻值应与发动机冷却液温度对应的电阻值一致。

若测量传感器的输出电压，可起动发动机怠速运转，将温度计贴紧放置在散热器旁，用万用表测量发动机 ECU 接头的 THW 与 E_2 接线柱间的电压值。

①拔下插接器，将点火开关置于"ON"处，测量 ECU 的电源电压（传感器供电压），即 THW 与 E_2 端子间的电压，应为 $4.5 \sim 5\text{V}$（图 2-64）；否则，说明线路或 ECU 有故障。

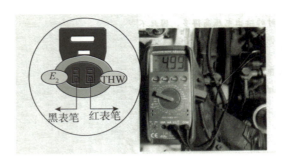

图 2-64　冷却液温度传感器的就车检测

②将插接器接好，将点火开关置于"ON"处，测量传感器信号电压 THW 与 E_2 端子间的电压，为 $0.2\sim2.5V$（该值与温度和车型有关），丰田车 THW 与 E_2 接线柱间的标准电压在冷却液 80℃时为 $0.2\sim1.0\,V$。如果以上检查均正常，说明故障出在 ECU 的内部。

2. 进气温度传感器

（1）电阻检测。

用万用表欧姆挡检查传感器的电阻值时，可拆下传感器，用电热吹风器或灯光加热传感器（图 2-65），并测量不同温度下传感器两接线端的电阻值，观察测得的电阻值是否符合标准（表 2-8）；若不符合标准，应更换传感器。

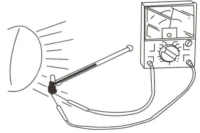

图 2-65　进气温度传感器的电阻检测

表 2-8　丰田汽车进气温度传感器检测标准

所测引脚	测量时温度（℃）	电阻值（kΩ）
THA—E_2	0	6
	20	2.2
	40	1.1
	60	0.6
	80	0.25

（2）电压检测。

①装好传感器及其线束连接器。

②打开点火开关置于"ON"，用万用表测量传感器两端子输出信号，进气温度为20℃时应为0.5～3.4V，且随进气温度成反比变化。

③拆开线束连接器，点火开关置于"ON"时，在线束侧测量其电源电压，标准电压正常应为5V。

三、学习评价

1. 根据已学习过的内容，独立完成下列习题：

问题1：查阅教材及其他资料，完成下面问题。

（1）根据下列给出的元件名称写出燃油供给过程：＿＿＿＿＿＿＿＿＿＿。
a. 供油管　b. 喷油器　c. 燃油箱　d. 燃油泵　e. 燃油滤清器　f. 燃油分配管

（2）电控燃油喷射系统由＿＿＿＿＿＿、＿＿＿＿＿＿和＿＿＿＿＿＿等几个系统组成。

（3）控制系统是由发动机控制单元根据各个传感器传送的工况参数确定燃油的最佳＿＿＿＿＿＿＿和＿＿＿＿＿＿喷射时刻。

（4）燃油系统是由向汽缸内提供组成混合气所需的燃油量，其主要部件有燃油箱、＿＿＿＿＿＿、进油管、燃油滤清器、燃油分配管、＿＿＿＿＿＿、＿＿＿＿＿＿、回油管等。

（5）进气系统是由测量和控制燃油燃烧所需要的空气量，为发动机可燃混合气的形成提供必需的空气，该系统部件主要由空气滤清器、＿＿＿＿＿＿、节气门位置传感器、进气歧管、进气总管、＿＿＿＿＿＿等组成。

（6）电控汽油机的燃油供给系统由＿＿＿＿＿＿、＿＿＿＿＿＿、＿＿＿＿＿＿、＿＿＿＿＿＿和压力调节器等组成。

（7）燃油供给系统故障对车辆性能有什么影响？

燃油供给系统的主要故障有燃油油压过低，油压过高，喷油器漏油、堵塞或雾化不良等。燃油压力过低，将导致车辆怠速时运转＿＿＿＿＿＿（不稳/过高）、加速不良、回火，车辆行驶无力等现象。燃油压力过高，将导致混合气＿＿＿＿＿＿（过浓/过稀），往往使车辆燃油消耗较大、排气冒＿＿＿＿＿＿（黑烟/蓝烟/白烟），甚至使车辆难起动等现象。喷油器漏油会使发动机燃油消耗＿＿＿＿＿＿（加大/减小），雾化不良则易造成混合气无法正常燃烧，爆发力小，影响车辆运转的稳定性。

（8）喷油器的作用：接受来自＿＿＿＿＿＿（ECU、传感器、执行器）的信号，把雾化良好的汽油喷入进气管。

（9）高电阻型喷油器的电阻值应为＿＿＿＿＿Ω，低电阻型喷油器应为＿＿＿＿＿Ω。

（10）检查喷油量时，接线通电＿＿＿＿＿s，每个喷油器测试＿＿＿＿＿次检查喷雾质量（正常喷射角度为＿＿＿＿＿度）和喷油量，一般通常为＿＿＿＿＿/15s，同一台发动机各缸喷油量之差应小于总油量的＿＿＿＿＿%。

（11）＿＿＿＿＿＿用于检测发动机冷却液的温度，并将温度信号变换为电信号传送给ECU。

（12）发动机温度传感器包括＿＿＿＿＿＿和＿＿＿＿＿＿温度传感器。

学习任务2

问题 2：识图完成下面问题。

（1）燃油供给系统。

燃油供给系统的主要作用是把燃油从_____中吸入并通过_____泵送出去，燃油经_____和_____到达燃油分配管，送到各个_____，多余的燃油通过油压调节器、回油管回到油箱，如下图所示。

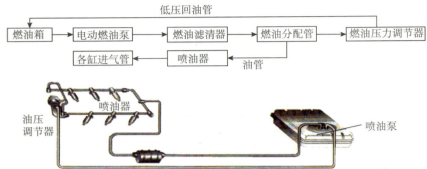

（2）按喷油器的控制方式分类，电控燃油喷射系统可分为哪几类？

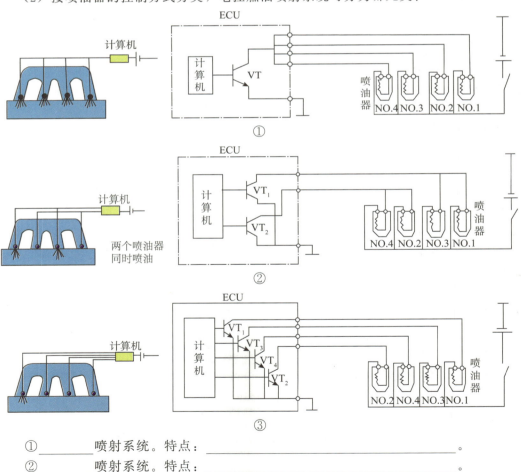

① _____喷射系统。特点：_____。

② _____喷射系统。特点：_____。

③_____喷射系统。特点：_____。

（3）喷油器结构。

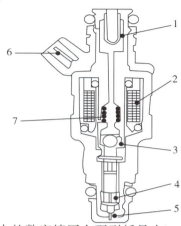

喷油器工作原理（将图中的数字填写在下列括号内）。

当 ECU 发出指令，喷油器通电时，电磁线圈产生吸力，将柱塞（　　）吸起，针阀（　　）被向上吸起大约 0.1mm。燃油从针阀与喷孔（　　）的环形间隙喷出。进油滤网（　　）可过滤汽油微小杂质。

问题 3：实习后完成下面问题。

喷油器的检修。

（1）断缸检查。

①起动发动机热车后使其_____运转。

②依次拔下各缸喷油器的_____，使喷油器_____（继续/停止）喷油，进行_____检查。若拔下某缸喷油器线束插头后，发动机转速_____明显下降，则说明该缸不工作或工作不良，可能是喷油器不工作，应作进一步的检查。

（2）检测阻值。

①检查喷油器两脚之间的电阻，应在_____Ω 之间；测量实验车辆喷油器的电阻值，并判断是高阻型还是低阻型喷油器。喷油器电阻为_____Ω，为_____阻型喷油器（高/低）。

②检查喷油器插口 1♯ 与地之间的电压，点火开关打开时应为_____电压。

③插口 1♯ 电压并正常，且与主继电器之间线路正常时，将一个二极管接在两插口上。

④起动发动机二极管应点亮，否则更换_____。

喷油器及控制系统的检修。

（1）检查喷油器线圈的电阻。

断开点火开关，拔下喷油器的插头，用万用表电阻挡测量喷油器电磁线圈的电阻值，喷油器电阻值为_____Ω。

（2）检查喷油器电磁线圈。

怠速运转发动机，用手触摸喷油器应有_____，或用_____接触喷油器，应能听到清脆的"_____"声（电磁阀开、关声）；否则，说明该喷油器不工作。

（3）喷油质量检查。

①喷油质量检查包括_____、_____和泄漏检查。此项检查可在专用的喷油器实验台上进行（该项目检查作为选做）。

②将各个_____拆下放置在_____喷油器清洗机上，直接观察_____和_____。

（4）喷油器控制电路检查。

①脱开喷油器连接器，接通点火开关，检查连接器线束侧电源线的电压。正常值应为蓄电池电压。喷油器电源电压为_____V。

②若无电压，应检查点火开关至喷油器电源线之间的电路是否正常。用万用表检查 ECU 搭铁端子搭铁是否良好（丰田为 E_1 和 E_2 端子）。检查喷油器插接器至 ECU 电路之问的电阻，电阻为_____Ω。

2. 完成本学习活动后，请对学习过程和结果的质量进行评价和总结，填写下列评价反馈表（表 2-9）。自我评价由学习者本人填写，小组评价由组长填写，教师评价由任课教师填写。

表 2-9　评价反馈表

班级		姓名		学号		日期		年月日
学习活动名称：								
自我评价	1	能按时上、下课				□是		□否
	2	着装规范				□是		□否
	3	能独立完成课后习题				□是		□否
	4	能利用网络资源、维修手册等查找有效信息				□是		□否
	5	会正确使用工量具及设备				□是		□否
	6	能叙述电动燃油泵、喷油器、温度传感器的类型、结构与原理				□是		□否
	7	会检测电动燃油泵、喷油器和温度传感器				□是		□否
	8	学习效果自评等级				□优　□良　□中　□差		
	9	总结与反思：						

续表2-9

班级		姓名		学号		日期	年月日			
小组评价	10	在小组讨论中能积极发言					□优	□良	□中	□差
	11	能积极配合小组成员完成工作任务					□优	□良	□中	□差
	12	在电动燃油泵、喷油器操作中的表现					□优	□良	□中	□差
	13	能够清晰表达自己的观点					□优	□良	□中	□差
	14	安全意识与规范意识					□优	□良	□中	□差
	15	遵守课堂纪律					□优	□良	□中	□差
	16	积极参与汇报展示					□优	□良	□中	□差
教师评价	17	综合评价等级： 评语： 教师签名：＿＿＿＿＿＿　　＿＿年＿＿月＿＿日								

四、学习拓展

以丰田卡罗拉轿车 1.6L（发动机型号为 1ZR-FE）为例，对其电动燃油泵进行检测。

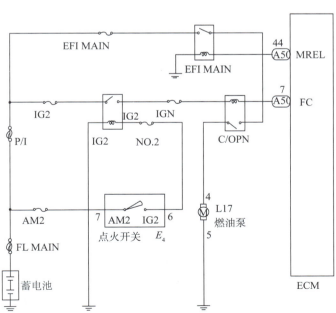

图 2-66　丰田卡罗拉轿车 1.6L 电动燃油泵的电路

（1）用检测仪器在执行主动测试时，检查是否出现燃油泵工作声音。正常时应出现燃油泵工作声音。

（2）搬开后排座椅，找出燃油泵连接器并断开。

（3）用万用表电压挡检测，表笔分别在连接器插口4♯与5♯端子之间（或将一个二极管试灯接在两插口上）。如图2-67所示。

图2-67　表笔位置

（4）起动发动机，万用表应显示电压为12V（试灯二极管应有闪亮现象）；否则，检查发动机室继电器盒及集成继电器（EFI MAIN继电器）。如正常，应检查电动燃油泵。

（5）用万用表电阻挡检测油泵侧连接器插口4♯与5♯端子之间的电阻，在20℃（68℉）时，电阻应为0.2～3.0Ω。

以丰田卡罗拉轿车1.6L（发动机型号为1ZR-FE）为例，对其喷油器的电路进行检测。

（1）检测喷油器两脚之间的电阻，应在12～16Ω之间。如图2-68所示。

图2-68　检测喷油器两脚之间的电阻

（2）点火开关打开时，检测喷油器插口1♯与地之间的电压，应为蓄电池电压。如图2-69所示。

图2-69　检测喷油器插口1♯与地之间的电压

（3）分别在喷油连接器插口 1♯ 与 2♯ 端子之间接上二极管试灯。如图 2-70 所示。

图 2-70 接上二极管试灯

（4）起动发动机二极管，应有脉宽信号闪亮现象，否则检查转速传感器或更换发动机电脑。

实训作业工单

实训班级		维修班组	
组员			
整车型号		车辆识别代码	
发动机型号		行驶里程	
步骤	作业记录内容		任务完成情况
一、前期准备	按 6S 标准进行工具、工位准备		□任务完成
二、安全检查	举升机的安全检查、尾气排污装置及发动机外部检查等。		□任务完成
三、电动机油泵	①检查油泵保险、继电器是否正常		□任务完成
	②检查电阻是否为正常值		□是　□否
	③检测判断电池电压是否为正常值		□是　□否
四、喷油器	①检查传感器线束是否松动		□是　□否
	②检查电阻是否为正常值		□是　□否
	③检测判断喷油脉宽是否正常		□是　□否
五、竣工检验	①故障是否排除？		□是　□否
	②设备器材、工量具、场地等是否整理、清洁？		□是　□否

工单记录员：_____ 维修技师：_____ 质检员：_____

学习任务2

学习任务三
发动机怠速抖动故障检修

学习目标

完成本学习任务后，你应当能够：

（1）叙述发动机电控点火系统、节气门体的功用及原理。

（2）查找发动机电控点火系统、节气门体主要传感器的安装位置。

（3）根据故障现象和查阅资料获取的信息，分析发动机怠速抖动的故障原因，并在教师的指导下制定故障诊断方案，完成故障诊断流程图的编制。

（4）在教师的指导下，以小组合作的方式，按照拟定的流程和规范操作的要求诊断和排除发动机怠速抖动的故障。

（5）在教师指导下，根据技术标准对维修车辆进行维修质量检验。

（6）对工作任务的完成情况进行正确评估和反思，制定发动机怠速抖动其他故障的诊断流程并实施。

建议学时

24 学时。

内容结构

🚩曲轴位置\凸轮轴位置传感器的功用与组成

🚩节气门体各传感器的功用与组成

👍分析发动机抖动故障原因

👍编制故障诊断流程图

👍检测曲轴位置\凸轮轴位置传感器

发动机怠速抖动故障检修

🚩曲轴位置\凸轮轴位置传感器的安装位置

🚩节气门体各传感器的安装位置

👍检测爆燃传感器

👍检测点火系统工作情况

👍检测节气门位置传感器及怠速控制器

学习任务描述

　　一辆 2010 款 1.6 L 丰田卡罗拉轿车，发动机型号为 1ZR-FE，客户反映汽车在怠速过程中，握住方向盘感觉有抖动现象。如果你是维修人员，请你对该故障车进行检修。

教学活动 1　电控点火系统控制与检测

一、信息收集

> **引导问题 1　电控点火系统的基本原理是怎样的？点火方式有哪些？**

　　电控点火系统可综合考虑对点火提前角影响的因素，是发动机在各种工况下均能达到最佳点火时刻，从而提高发动机的动力性、经济性，改善尾气排放。电控点火系统是汽车电子化发展过程的一门新技术。因此，电控点火系统将是学习的重点。图 3-1 是带分电器的电控点火系统。

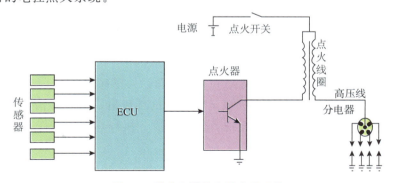

图 3-1　带分电器的电控点火系统

　　如今的汽车绝大部分都搭载电子控制燃油喷射（EFI）的发动机，这些发动机上一般都采用电控点火系统，其组成如图 3-2 所示。

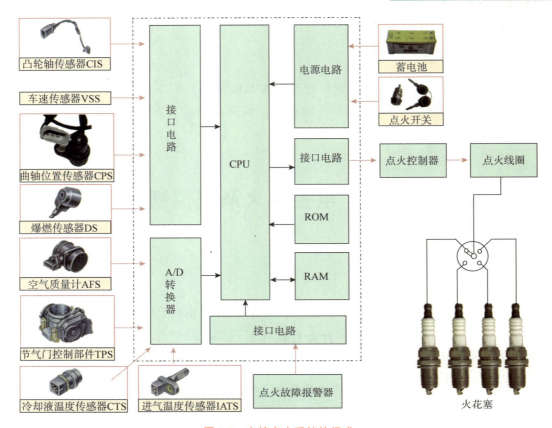

图 3-2　电控点火系统的组成

电控点火系统主要由以下部分组成：

（1）监测发动机运行状况的传感器，如车速传感器、曲轴位置传感器、爆燃传感器等。

（2）处理信号和发出点火指令的电控单元（ECU）。

（3）对点火指令做出响应的点火器和点火线圈、火花塞等。

电控点火系统的功用是监测发动机运行状况的传感器，将处理信号输送到发出点火指令的电控单元（ECU），对点火指令做出响应，执行器产生高压火花点燃可燃混合气。

电控点火系统的优点有如下几点：

（1）完全满足燃油机对点火系统的基本要求。

（2）提高发动机的动力性、经济性水平。

（3）有效降低排放污染。

电控点火系按点火方式，可分为有分电器点火系、无分电器点火系。

引导问题 2　电控点火系统的传感器有哪些？其结构和工作原理是怎样的？

电控点火系统的传感器主要有曲轴位置传感器/凸轮轴位置传感器和爆燃传感器等。

1. 曲轴位置传感器/凸轮轴位置传感器

曲轴位置传感器和凸轮轴位置传感器提供确定点火时间的基本信号。凸轮轴位置传感器在曲轴旋转至某一特定位置时，向 ECU 发送一个脉冲信号，此信号是计算曲轴位置传感器的基准信号，再结合曲轴的角度信号算出曲轴在任意时刻所处的位置。曲轴位置传感器是将曲轴旋转的角度转换为 ECU 可以识别的电信号，此信号送至 ECU，曲轴每转过一定的角度都会发出一个脉冲信号，因为曲轴每转一周的脉冲数都是一样的，所以 ECU 通过不断检测脉冲的数量便可得出曲轴转过的角度。此外，ECU 也根据单位时间内接收到的曲轴位置传感器输出脉冲数量来计算发动机的转速。

曲轴位置传感器和凸轮轴位置传感器的结构和工作原理基本相同，常见的有磁感应式、霍尔式和光电式三种。

（1）磁感应式（又称为磁脉冲式）。

①结构。

磁感应式曲轴/凸轮轴位置传感器主要由软铁芯、信号盘、壳体和接线端等组成。核心元件是一个电磁线圈，该线圈缠绕在一个永久性磁铁上，被螺栓固定在传感器安装支架上。绕组的两端与电器引线相连接，在电磁线圈的对面，安装着一个用作信号发生器的磁阻轮，磁阻轮随发动机曲轴的转动而转动。对于特定的曲轴转角，磁阻轮上都有相应的一个凸齿与之相对应，磁阻轮转动时，这些凸齿以很小的间隙扫过传感器线圈。由于传感器线圈是用螺栓固定在传感器安装支架上的，因而磁阻轮凸齿与传感器之间的间隙通常是可调的。信号盘固定于曲轴前端、飞轮盘或分电器上，并随曲轴一起转动，每当齿盘转过一个齿对，齿顶切割砖场的磁力线，感应线圈便产生一个脉冲信号，ECU 便按照预定的比率计算出发动机的转速。磁感应式曲轴/凸轮轴位置传感器的外形与内部结构如图 3-3 所示。

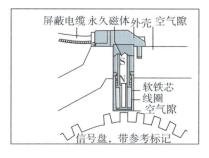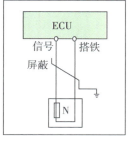

图 3-3　磁感应式曲轴/凸轮轴位置传感器的外形与内部结构

②工作原理。

当磁阻轮凸齿与传感器线圈不对中时，凸齿和感应线圈之间的空气间隙比较大，因而磁场比较弱，如图 3-4（a）所示；当磁阻轮的凸齿接近与传感器线圈对中时，空气间隙比较小，因而围绕传感器的磁场强度增大，如图 3-4（b）所示。这种交替变化的磁场使传感器线圈内感应出交流电压信号。

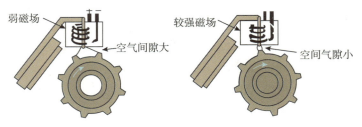

（a）磁阻轮凸齿与传感器线圈不对中　　　（b）当磁阻轮凸齿与传感器线圈对中

图 3-4　磁感应式曲轴/凸轮轴位置传感器的工作原理

在磁阻轮凸齿正好对准感应线圈中心线的瞬间，磁场不再变化，感应电压降为零。当磁阻轮凸齿离开传感器线圈中心线时，磁场减弱到某一程度或消失。这种磁场的变化使传感器线圈内感应出负电压。所以，每当磁阻轮的一个凸齿转过传感器时，曲轴位置传感器线圈就产生一个电压信号。计算机根据这些信号来计算和确定曲轴的位置和转速。

丰田系列轿车采用磁感应式曲轴/凸轮轴位置传感器（一体式）。曲轴位置传感器又称为发动机转速与曲轴转角传感器，凸轮轴位置传感器又称为判缸传感器。如图 3-5 所示。

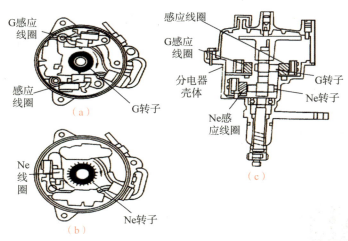

图 3-5　安装于分电器内的导磁转子触发式曲轴位置传感器

③传感器信号。

Ne 信号：发动机转速（转角）信号，曲轴转两圈，产生 24 个信号，信号波形与 G 信号相似，1 个信号为 30°曲轴转角，ECU 接收到 Ne 信号后，将信号细分到 1°曲轴转角。

G 信号：活塞运行到压缩上止点位置的判别信号。

G1 信号：6 缸判缸信号，产生于 6 缸压缩上止点前。曲轴转两圈产生一个 G1 信号，波形为正弦波。

G2 信号：1 缸判缸信号，产生于 1 缸压缩上止点前。曲轴转两圈产生一个 G2 信号，波形为正弦波，G2 与 G1 相隔 360°曲轴转角。

④控制信号。

IGT 信号：ECU 向点火器中功率晶体管发出的通断控制信号。

IGd 信号：在无分电器的电控点火系统中，ECU 向点火器输送的判别气缸的信号。

IGF 信号：完成点火后，点火器向 ECU 输送的点火确认信号。

（2）霍尔式。

①结构（图 3-6）。

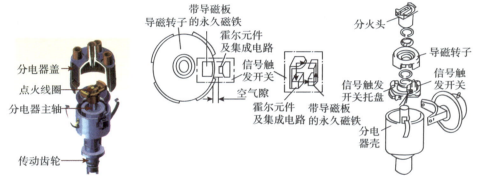

图 3-6　霍尔式曲轴/凸轮轴位置传感器的结构

②工作原理。

霍尔式曲轴/凸轮轴位置传感器是利用霍尔效应的传感器。霍尔效应是指当半导体上通过电流，并且电流的方向与外界磁场的方向相垂直时，在垂直于电流和磁场的方向上产生霍尔电动势的现象。霍尔式曲轴/凸轮轴位置传感器一般安装于凸轮轴附近，与凸轮轴上信号轮共同工作。信号轮对应着发动机活塞上止点位置时，ECU 通过该传感器测得数字电压信号，以此确定各缸喷油器喷油开始时间和点火时间。霍尔式曲轴/凸轮轴位置传感器的工作原理如图 3-7 所示。

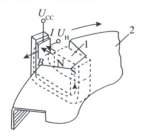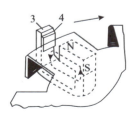

（a）叶片离开气隙，磁场饱和　　　　（b）叶片进入气隙，磁场被旁路

图 3-7　霍尔式曲轴/凸轮轴位置传感器的工作原理

1—永久磁铁；2—触发叶轮；3—磁轭；4—霍尔集成电路

知识链接

　　光电式曲轴/凸轮轴位置传感器主要由转子、发光二极管、光敏二极管和放大电路等组成，如图3-8所示。转子上制有一定数量的透光孔，利用发光二极管作为信号源，随转子转动。当透光孔与发光二极管对正时，光线照射到光敏二极管上产生电压信号，经放大电路放大后输送给ECU。转子内、外两圈的透光孔数量不等，分别用以产生G信号或Ne信号。

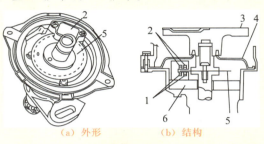

（a）外形　　　　（b）结构

图3-8　霍尔式曲轴/凸轮轴位置传感器

1—光敏二极管；2—发光二极管；3—分火头；4—密封盖；5—信号盘

2. 爆燃传感器

　　爆燃传感器是电控点火系统专用的一个传感器，ECU可根据爆燃传感器输出的信号来判断发动机是否发生爆燃，从而对点火提前角进行修正，实现点火提前角的闭环控制。

　　爆燃传感器按结构不同可分为压电式和电感式。压电式又可分为共振型、非共振型、火花塞座金属型（如图3-9所示）。

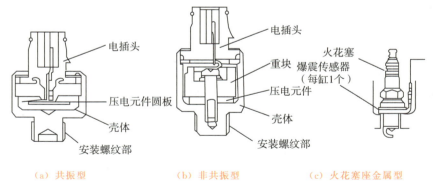

（a）共振型　　　　　　（b）非共振型　　　　　　（c）火花塞座金属型

图3-9　爆燃传感器

　　爆燃的危害主要有噪声大，发动机寿命缩短甚至损坏。消除爆燃的方法主要为推迟点火提前角。

　　（1）压电式爆燃传感器。

　　①压电式共振型爆燃传感器。

　　压电式共振型爆燃传感器是利用产生爆燃时的发动机振动频率与传感器本身的固

定频率相等时产生共振现象，来检测爆燃是否发生，其结构与工作原理如图 3-10 所示。该传感器由压电元件、振荡片、基座等构成。压电元件紧密贴合在振荡片上，振荡片则固定在传感器的基座上。发动机工作时，振荡片随机体的振动而振荡，振荡片的振荡使与它紧密贴合的压电元件变形，并产生电压信号，此电压信号即是传感器的输出信号。

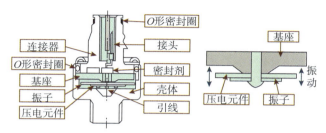

图 3-10　压电式共振型爆燃传感器的结构与工作原理

当发动机爆燃时的振频率与振荡片的固有频率"合拍"时，振荡片产生共振，此时压电元件将产生最大的电压信号，如图 3-11 所示。这种传感器在爆燃发生时的输出电压比非共振（即无爆燃）时的输出电压高得多，因此不需要滤波器，ECU 即可判别是否发生爆燃。

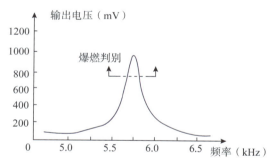

图 3-11　电压—频率关系

②压电式非共振型爆燃传感器。

压电式非共振型爆燃传感器是以接收加速度信号的形式来判断是否产生爆燃，其结构如图 3-12 所示。它由两个同极性相向对接的压电元件和配重构成。

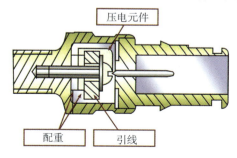

图 3-12　压电式非共振型爆燃传感器的结构

发动机机体振动时，传感器内部的配重受机体振动的影响而产生加速度，压电元件就会受到配重加速时惯性力的作用，而产生电压信号。在爆燃发生时的频率及该频率附近，输出电压信号不会很大，具有平缓的输出特性。因此，为了能够根据该传感器输出的电压发动机判断是否发生爆燃，必须将反映发动机振动频率的输出电压信号送到识别爆燃的滤波器中，以判别是否有爆燃信号产生。

③压电式火花塞座金属型爆燃传感器。

压电式火花塞座金属型爆燃传感器由压电元件制成，安装在火花塞的垫圈处，每缸安装一个，这类传感器也叫作垫圈型压力传感器，其结构如图 3-13 所示。根据各缸的燃烧压力直接检测各缸的爆燃信号，并转换压电信号输送给 ECU。

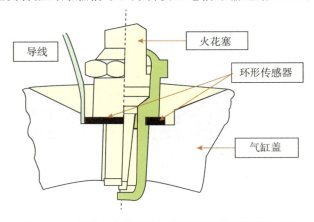

图 3-13　压电式火花塞座金属型爆燃传感器的结构

（2）电感式爆燃传感器。

电感式爆燃传感器的外形和结构如图 3-14 所示，它由高镍合金的磁致伸缩杆、永久磁铁、线圈、壳体等组成。

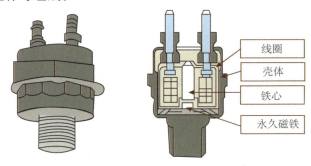

图 3-14　电感式爆燃传感器的外形和结构

当机体振动时，磁致伸缩杆受到机体振动的影响，在传感器内产生轴向振动，使通过感应线圈的磁通发生变化，在感应线圈产生感应电动势，此电动势即爆燃传感器输出电压信号。传感器输出电压信号的大小与发动机振动的频率有关，当传感器自振频率与设定爆燃强度，发动机的振动频率产生谐振时，传感器的输出电压将达到最大值，ECU 根据该传感器的输出电压，就可以对发动机是否爆燃做出判断。

引导问题 3　电控点火系统有哪些？

电控点火系统可分为有分电器点火系统和无分电器点火系统。

1. 有分电器点火系统

（1）特点。

只有 1 个点火线圈产生高压电，然后由分电器按点火顺序依次分配到各缸火花塞。

（2）工作原理。

如图 3-15 所示为有分电器点火系统的电路图。这种点火系统是发动机控制模块（ECU）根据各种传感器的输入信号来确定点火提前角。这些输入信号装置包括发动机冷却液温度传感器（ECT）、节气门位置传感器（TPS）、氧传感器（O_2S）、发动机转速传感器、车速传感器（VSS）、空气流量传感器（MAF）、大气压力传感器、爆震传感器（KS）、空调开关（A/C）、制动开关、蓄电池电压（BATT）和起动信号等。对于不同车型，输入信号的数量可能稍有区别。

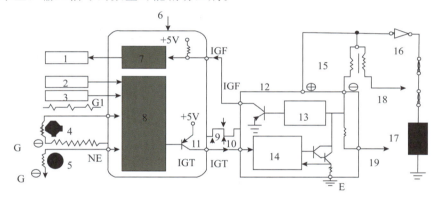

图 3-15　有分电器点火系统的电路

1—主继电器；2—压力传感器；3—温度传感器；4—基准位置传感器；5—转速传感器；
6—ECU；7—EFI 控制；8—ESA 控制；9—点火信号；10—通电开始；
11—点火正时信号（IGT）；12—点火控制模块；13—点火监视回路；14—闭合角控制；15—点火线圈；
16—点火开关；17—蓄电池；18—至分电器；19—至发动机转速表

如图 3-16 所示为分电器分解图，它的点火控制模块和点火线圈都装在分电器内部，如丰田威驰、夏利 2000 轿车、广州本田奥德赛等。还有一些车型是把点火线圈、点火控制模块和分电器分开安装，如凌志 LS400、切诺基等。

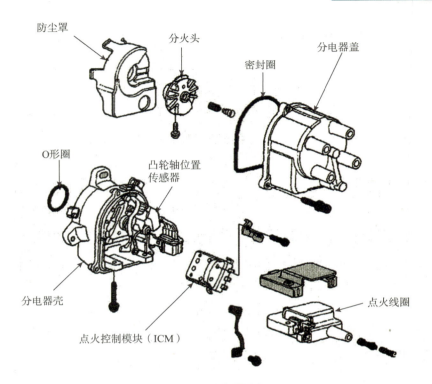

防尘罩　分火头　分电器盖　密封圈

O形圈　凸轮轴位置传感器

分电器壳

点火控制模块（ICM）　点火线圈

图 3-16　分电器分解图

　　分电器内有信号发生器，它不仅可以向发动机控制模块输入曲轴位置和发动机转速的信号，还可以起到凸轮轴位置传感器的作用。

　　发动机控制模块（ECU）利用分电器内信号发生器的输入信号来接通和切断初级点火线圈的电流。当发动机控制模块向点火控制模块（ICM）输出一个点火正时信号（IGT）时，初级电路被切断，点火线圈产生次级点火电压使火花塞点火，然后发动机控制模块会通过点火控制模块的点火反馈信号（IGF）来判定初级点火电路是否被切断，并根据此信号给出喷油脉冲控制信号。

　　有分电器点火系统具有两种形式：电子点火正时（EST）系统、电子点火控制（ESC）系统。

　　电子点火控制（ESC）系统中装有爆燃传感器，属于点火正时闭环控制。发动机控制模块（ECU）根据爆燃传感器的信号控制点火提前角，可以延迟点火提前角约 20°曲轴转角，所以电子点火正时系统控制得更精确，并且扩大了发动机适用汽油的范围。

　　如图 3-17 所示为使用分电器的汽车点火线路图。点火系统的发动机控制模块是根据发动机的工作状况，如发动机转速、发动机温度和进气歧管绝对压力传感器输入的信号来确定点火正时的，属于一种开环控制系统。

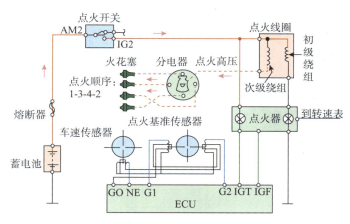

图 3-17　使用分电器的汽车点火线路

2. 无分电器点火（EI）系统

特点：用电子控制装置取代分电器，利用电子点火控制技术将点火线圈产生的高压电直接送给火花塞进行点火，点火线圈的数量比有分电器点火系统多。此点火系统分火性能较好，但结构和控制电路复杂。

无分电器点火系统完全取消了分电器，它是将点火线圈产生的高压电直接通过高压线传递给火花塞，使其点火。无分电器点火系统又分为双缸同时点火系统和单独点火系统两种（图 3-18）。

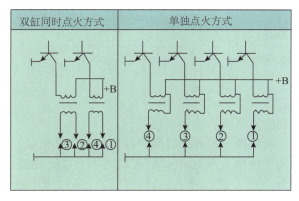

图 3-18　无分电器点火系统

（1）无分电器双缸同时点火系统。

特点：点火线圈的数量等于气缸数的一半。

无分电器双缸同时点火系统用一个点火线圈对到达压缩和排气上止点的两个气缸同时实施点火，如图 3-19（a）（b）所示。压缩上止点的气缸点火后，混合气被引燃而做功；排气上止点的气缸点火后不产生功率，电火花浪费在废气中，但由于气缸内压力比压缩上止点的压力低很多（仅稍高 1 个大气压），而火花塞电阻值很小，因此，只需消耗很小的放电能量就能使高压电流通过，且对火花塞无多大损伤。

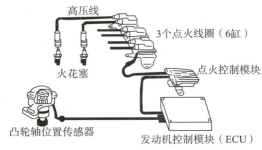

（a）

图中文字：
高压线
3个点火线圈（6缸）
火花塞
点火控制模块
凸轮轴位置传感器
发动机控制模块（ECU）

（b）

图中文字：
凸轮轴位置传感器
Ne
G_1
G_2
输入接口
微处理器
输出接口
发动机控制模块（ECU）
IGF　产生自我修正信号
TAC　产生转速信号
转速表
IGdB
IGdA
点火
IGT
闭合角控制
气缸判别电路
定电流控制
T_{r1}
T_{r2}
T_{r3}
+B
#1
#6
#5
#2
#3
#4
点火线圈
火花塞
点火控制模块

图 3-19　无分电器双缸同时点火系统

（2）无分电器单独点火系统。

特点：每缸一个点火线圈，即点火线圈的数量与气缸数相等。

无分电器单独点火系统每个气缸的火花塞配用一个点火线圈，单独、直接地对每个气缸进行点火。这种点火方式非常适合在四气门（每缸两个进气门和两个排气门）发动机上使用。火花塞安装在两根凸轮轴的中间，每缸火花塞上直接压装一个点火线圈，很容易布置（图 3-20）。丰田卡罗拉、奔驰 119、VOLVO 960 车型、大众宝来的发动机以及奥迪五缸发动机都采用这种点火方式。

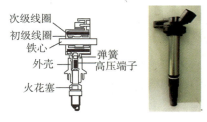

图中文字：
次级线圈
初级线圈
铁心
外壳
弹簧
高压端子
火花塞

图 3-20　无分电器单独点火系统

二、任务实施

（一）工量具、设备及材料准备

电控点火系统检测所需工量具、设备及材料如表 3-1 所示。

表 3-1　工量具、设备及材料准备

资料及工量具名称	数量	是否准备	
丰田 8A 发动机台架或整车	一台	是□	否□
数字式万用表	一个	是□	否□
常用工具	一套	是□	否□
三角木	四个	是□	否□
翼子板布、前罩	一套	是□	否□
试灯	一个	是□	否□
绝缘胶布	一圈	是□	否□
塞尺	一把	是□	否□
火花塞专用拆装工具	一把	是□	否□
铜丝刷	一把	是□	否□
分缸线（新）	一套	是□	否□
火花塞（新）	一套	是□	否□
汽油	若干	是□	否□
分缸线	一套	是□	否□
化油器清洗剂	一瓶	是□	否□
干净的抹布	一块	是□	否□
维修手册等资料	一套	是□	否□

（二）传感器的检测

1. 曲轴位置传感器/凸轮轴位置传感器

（1）磁感应式（磁脉冲式）。

①电阻检测。

检测传感线圈的电阻值，如图 3-21 所示为磁感应式曲轴位置传感器的电路图。

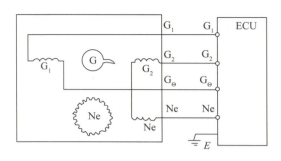

图 3-21　磁感应式曲轴位置传感器的电路图

a. 拔下传感器线束插头。

b. 用万用表的欧姆挡检测各端子间的电阻值，电阻值应符合表 3-2 的规定，否则需更换传感器总成。

表 3-2　磁感应式曲轴位置传感器电阻值

端子名称	检测状态	电阻值/Ω
Ne—G_Θ	冷态	155～250
	热态	190～290
G_1—G_Θ	冷态	125～200
	热态	160～235
G_2—G_Θ	冷态	125～200
	热态	160～235

c. 插上传感器线束插头，用万用表电压挡测量其输出电压，起动时应高于 0.1V，运转时应为 0.4～0.8V。

②检测传感器的磁路间隙。

用非导磁塞尺测量信号转子与传感线圈磁头间的间隙，如图 3-22 所示。其与霍尔式传感器的间隙都为 0.2～0.4mm，否则应更换传感器总成。

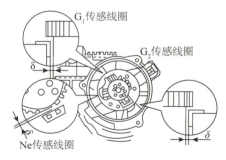

图 3-22　检测传感器的磁路间隙

（2）霍尔式。

①电源电压检测。

点火开关置于"ON"，用万用表测量 ECU 侧端子的电压，应为 5V，在传感器导线连接器 A 端子处测量电压，也应为 5V，如图 3-23 所示。

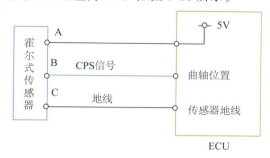

图 3-23　电源电压检测

②信号电压的检测。

用万用表对传感器的 A、B、C 三个端子间进行测试，当点火开关置于"ON"时，A、C 端子间的电压值应约为 5V；B、C 端子间的电压值在发动机转动时，应在 0.3～5V 之间变化，且数值呈脉冲性变化，最高电压为 5V，最低电压为 0.3V。

③电阻检测。

点火开关置于"OFF"，拆开传感器线束连接器，用万用表跨接在传感器侧的端子 A、B 或 A、C 间，万用表显示读数应为∞。

2. 爆燃传感器

爆燃传感器与 ECU 的连接如图 3-24 所示。

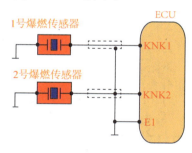

图 3-24　爆燃传感器与 ECU 的连接

（1）丰田 8A-FE 发动机。

①关闭点火开关，拆开爆燃传感器线束连接器，用高阻抗万用表的欧姆挡检测传感器端子与传感器壳体之间的电阻，应不导通（电阻为无穷大）；否则，说明内部短路，应更换传感器，如图 3-25 所示。

图 3-25　检测传感器端子与壳体之间的电阻

②打开点火开关，在急速运转时用示波器检测爆燃传感器的工作情况。拆开爆燃传感器线束连接器，用万用表或示波器检测传感器端子与搭铁之间的信号电压，应有脉冲信号输出，如图 3-26 所示；否则，说明传感器不良，应更换新件。

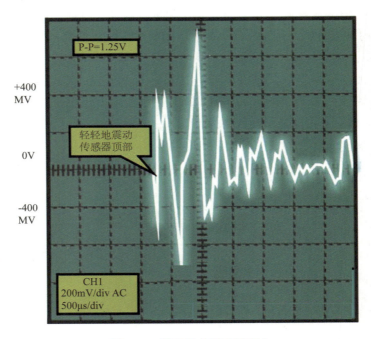

图 3-26　爆燃传感器顶部测试

（2）桑塔纳 2000GLi、2000GSi 压电式爆燃传感器。

①检测传感器电阻：断开点火开关，拔下传感器线束插头，检测结果应与标准值相符（表 3-3）。

表 3-3　不同检测环境的电阻标准值

检测项目	检测条件	检测部位	电阻标准值/Ω
爆燃传感器的电阻	断开点火开关并拔下传感器插头	传感器插座上端子 1 与 2	>1M
		传感器插座上端子 1 与 3	
		传感器插座上端子 2 与 3	

续表3-3

检测项目	检测条件	检测部位	电阻标准值/Ω
传感器信号正极线	拔下控制器和传感器插头	控制器60端子至传感器插头1端子	<0.5
		控制器68端子至传感器插头1端子	
传感器信号负极线		控制器67端子至传感器插头2端子	
传感器屏蔽线		控制器模块旁边发动机搭铁点至传感器插头3端子	

②检测线束电阻：断开点火开关，拔下传感器线束插头和ECU线束插头，两插头各端子间导线电阻检测结果应与标准值相符（表3-3）。

③检测输出信号：插上传感器线束插头，起动发动机，检测端子1与2的电压，正常值为0.3～1.4V。

爆燃传感器的三个端子之间不应有短路现象；否则，更换传感器。传感器插头和ECU线束插头间的线路若有断路或短路，应排除故障。

（三）有分电器/无分电器点火系统的检测

1. 有分电器点火系统

（1）认识与分析丰田8A-FE发动机点火控制电路图。

①在实验车（发动机台架）上找到相应的元件、线束、线束连接器。丰田8A-FE发动机点火系统电路如图3-29所示。

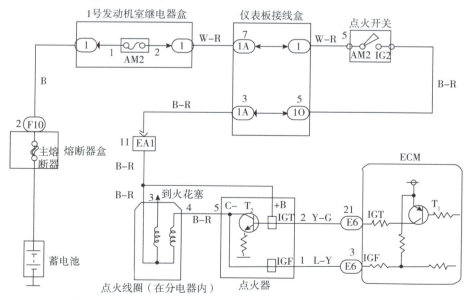

图3-27　丰田8A-FE发动机点火系统电路

②电路说明。

a. 发动机 ECU 确定点火时间，在所希望的点火提前角接通三极管 T_1，并向点火器发出点火信号 IGT（信号电压由低电压变为高电压）。

b. 点火器内的闭合角控制电路根据发动机转速、前一次点火的点火时间以及电源电压，控制点火线圈初级线圈的通电时间，即三极管 T_2 的接通时间。

c. 当点火时间到达后，ECU 断开 T_1，IGT 信号由高电压变为低电压，这时 T_2 被断开，点火线圈的初级电流被切断，次级线圈中产生高电压，火花塞跳火。

③点火器同时向发动机输送一个作为安全保护措施的点火确认信号（IGF）。

④如果 IGF 信号没有被输送到 ECU，则 ECU 将停止燃油喷射。

（2）检修。

无故障码时，检查排除有分电器点火系统故障。

在进行点火系统故障检查时，如果自诊断系统无故障码显示，则需对点火系统的各部件进行检查，找到故障部位，进行维修或更换。

参考如图 3-28 所示的检查流程对点火系统进行检查。

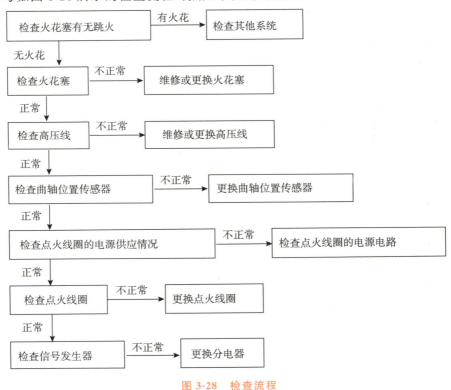

图 3-28　检查流程

表 3-4　有分电器点火系统的检测

步骤

<table>
<tr><td rowspan="1">火花测试</td><td>

①从火花塞上拆卸高压线，如图 3-29 所示。

注意：从火花塞上拆卸高压线时，不能直接拉高压线，这样容易将高压线拉断，造成高压线断路。

②拆下火花塞。

注意：从汽缸盖上拆下火花塞时一定要用火花塞套筒。如果不用火花塞套筒，在拆卸火花塞的过程中，火花塞容易从套筒中掉下而被损坏。

③将拆下的火花塞安装到各条高压线上。

④将火花塞搭铁，如图 3-30 所示，必须确保火花塞搭铁良好。

⑤脱开 4 个喷油嘴的连接器。

⑥当发动机起动时，检查是否有火花产生。

⑦火花塞能跳火不等于点火系统正常，还需要观察火花塞跳火时的火花强度，只有火花足够强，才能保证在压缩时正常跳火。点燃空气－燃油混合气，对比观察正常火花与弱火花之间的区别。正常火花为蓝色，弱火花为黄色。如果火花为弱火花，可以通过改变火花塞的间隙来改变火花塞的火花强度。

</td><td>

图 3-29　拆卸高压线

图 3-30　火花塞搭铁

</td></tr>
<tr><td rowspan="1">检查火花塞</td><td>

①检查火花塞绝缘体是否有裂纹。

②检查火花塞螺纹是否损坏。

③检查火花塞铜密封垫圈是否完好。

④观察火花塞绝缘体裙部（靠近中心电极的绝缘体）及中心电极侧电极的颜色。

a. 绝缘体裙部颜色为灰白色或淡黄色，在绝缘体裙部及电极上有少量易刮去或刷去的粉状堆积物。

b. 绝缘体、电极为黑色，被干燥毛状的炭垢覆盖，即有积炭。

c. 绝缘体、电极为黑色且发亮，上有油垢。

d. 绝缘体部分脱色，电极被烧成白色或紫色，甚至电极被烧熔。

火花塞绝缘体裙部及其电极的颜色，往往反映发动机工作情况的好坏。上述四种情况，只有 a 火花塞是正常的。b 可能是混合气过浓或点火提前角过小、积炭多，导致高压降低或缺火。应用直径小 0.15mm 的铜丝刷刷去污物和积炭（注意：不能用金属片刮）。c 可能是气门杆或汽缸磨损过大，导致机油串入燃烧室，从而形成油垢。应使用火花塞清洁器清洗（注意：白金、铱金火花塞不能清洁），或用化油器清洗剂、汽油清除油垢。d 说明火花塞过热，可能是混合气过稀或点火提前角太小导致过热，也有可能是选用的火花塞太热，或者是火花塞间隙不正确。

</td><td>

螺纹　垫圈

电极　　　绝缘体

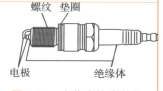

图 3-31　火花塞检查部位

</td></tr>
</table>

学习任务3

步骤

<table>
<tr><td rowspan="2">检查火花塞</td><td>

⑤观察火花塞中心电极、侧电极是否被烧圆，否则更换新件。

⑥用厚薄规检查火花塞间隙，如图3-32所示，火花塞间隙如果不在规定范围内，应调整至规定范围。

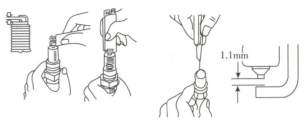

图3-32　检查火花塞间隙

小词典

　　火花塞间隙：火花塞侧电极和中心极之间的距离，JV和AFE型发动机一般在0.7～0.9mm，AJR型发动机一般在0.9～1.1mm。此外，除了普通火花塞外，目前汽车上还经常用到白金、铱金两种长寿命火花塞。白金、铱金的火花塞间隙是不能调整的。

</td></tr>
</table>

<table>
<tr><td rowspan="2">检查高压线</td><td>

高压线是用来将点火线圈产生的高压电送到分电器，再从分电器送到火花塞，或直接将点火线圈的高压电送到火花塞。

电控发动机采用的高压线为电阻型高压线，相比传统高压线，其所产生的无线电干扰小。

①检查高压线是否紧紧地插在点火线圈和火花塞上。

②检查高压线是否有裂纹，绝缘层是否老化，有则更换。

③检查高压线的绝缘罩是否有裂纹或硬化，有则更换。

④拆下高压线，检测电阻，如图3-33所示，通过测量高压线的电阻值来判断高压线是否良好，其最大电阻值为25kΩ。如电阻值不符合规定，应更换高压线，高压线的检查适于有分电器点火系统。

图3-33　拆下高压线，检测电阻

</td></tr>
</table>

	步骤

检查高压线

分电器的检修

电控点火系统的分电器与传统点火系统的分电器有较大的区别，功能上，其主要用于将高压电按点火顺序供给各缸的火花塞。接通和断开初级电流，使点火线圈及时产生高压电，以及根据发动机的转速和负荷调整点火时间这两项功能已被ECU代替。

点火线圈可以将蓄电池供给的12V低压电转变为15～20kV的高压电，足以使火花塞电极间产生跳火。

（1）检查点火线圈的电源供应情况（图3-34）。

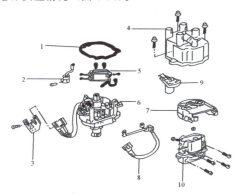

图3-34　检查点火线圈的电源、供应情况

1—垫片；2—电容器；3—导线夹；4—分电器盖；5—点火器；6—分电器壳体；

7—点火线圈防尘罩；8—分电器电缆；9—分火头；10—点火线圈

①拆下分电器盖上的螺栓，打开分电器盖。

②检查分电器盖是否破损、潮湿，这些现象都将造成分电器盖漏电，高压电将无法输送到火花塞，火花塞不能跳火。

③观察分电器盖上各高压线插孔是否锈蚀。

④打开分电器盖，用手指按分电器盖的中心电极，观察是否有弹性。

⑤观察分火头是否有烧蚀、破损。

⑥拆卸分火头。（注意：大多数分电器的分火头是压装在分电器轴上的，拆卸时不需要用蛮力）

⑦将点火开关转到"ON"（打开）位置。

⑧用万用表电压挡测量点火线圈正极（＋）与车身搭铁之间的电压是否有12V，如图3-35所示。

续表3-4

步骤

图 3-35　测量点火线圈正极与车身搭铁之间的电压

（2）检查点火线圈。

①用专用电表的欧姆挡测量点火线圈的正极（＋）和负极（－）端子两端的电阻，如图 3-36 所示，初级线圈：冷态 0.36～0.55kΩ，热态 0.45～0.65kΩ。如不符合，必须更换点火线圈。

图 3-36　测量点火线圈的正极
和负极端子两端的电阻

图 3-37　测量点火线圈的正极
和高压线柱两端的电阻

②用专用电表的欧姆挡测量点火线圈的正极（＋）和高压线柱两端的电阻，如图 3-37 所示，次级线圈：冷态 9～15.4kΩ；热态 11.4～18.1kΩ。如不符合，必须更换点火线圈。

③起动发动机，检查点火控制器端子间的电压，其电压值应符合规定；如不符合，则更换点火器或 ECU（表 3-5）。搭铁线电阻应为 0Ω；将二极管试灯接于点火控制器与点火线圈（或搭铁）之间，起动发动机试灯，应闪亮。

表 3-5　点火控制器端子间的标准电压

端子	标准电压值	检测条件
＋B—搭铁	9～12V	点火开关 ON
IGT—搭铁	有电压脉冲	发动机起动或怠速运转
IGF—搭铁	有电压脉冲	发动机起动或怠速运转

④检查信号发生器间隙：用厚薄规测量信号转子和感应线圈之间的间隙，应在 0.2～0.4mm，如图 3-38 所示。

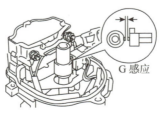

G 感应

图 3-38　检查信号发生器间隙

分电器的检修

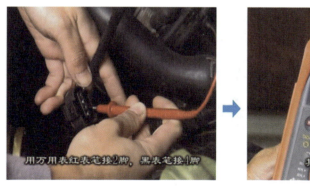

2. 无分电器点火系统

（1）检查点火线圈。

①拔下点火线圈的插头，并从火花塞上拔下点火线。

②用万用表测量点火线圈的次级电阻，A、D端子电阻表示1、4缸线圈次级电阻，B、C端子电阻表示2、3缸线圈次级电阻，1、4缸和2、3缸电阻规定值均为4～6kΩ。如电阻值不符合规定，应更换点火线圈总成。如图3-39所示。

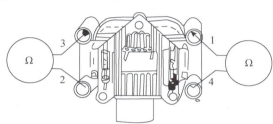

图3-39　检查点火线圈

（2）点火线圈与点火控制器供电及搭铁情况的检查。

①将点火线圈与点火控制器的4针插头拔下，用万用表测量线束端插头端子2（电源端）和4（搭铁端）之间的电压。打开点火开关，其电压值应为蓄电池电压12V，如图3-40所示。

用万用表红表笔接2脚，黑表笔接4脚

其电压应为12V左右

图3-40　点火线圈与点火控制器供电情况的检查

②拔下所有喷油器的插头，拔下点火线圈插头，用辅助导线V. A. G 1554连接二极管检测灯V. A. G 1527于点火控制器插头端子1（点火输出）和端子4（搭铁端）、端子3（点火输出）和端子4（搭铁端），以检查控制单元1、4缸和2、3缸点火线圈的控制信号。短时起动发动机，二极管必须闪烁。如图3-41所示。

用发光二极管连接点火模块插头1、4脚，测量点火信号

用同样的方法连接3、4脚，发光二极管也应闪亮

图 3-41　点火线圈与点火控制器搭铁情况的检查

三、学习评价

1. 根据已学习过的内容，独立完成下列习题：

问题1：查阅教材及其他资料，完成下面空格。

(1) 点火系统按结构和发展过程分为_____系统和_____系统。

(2) 电子控制点火系统主要由_____、_____和_____三大部分组成。

(3) Ne 表示_____；G 表示_____；
IGF 表示_____；IGT 表示_____。

(4) 凸轮轴位置传感器一般安装在_____、_____或_____。

(5) 曲轴位置传感器一般安装在_____、_____或_____上。

(6) 分火器的导电片在距离旁电极_____mm 间隙处越过。

(7) 点火线圈可以将蓄电池供给的 12V 低压电转变为_____kV 的高压电，足以使火花塞电极间产生跳火。

(8) 丰田 8A 发动机用正时灯观察点火提前角大约为_____度。

(9) 火花塞侧电极和中心极之间的距离，AJR 型发动机一般在_____mm，而白金、铱金的火花塞间隙是_____调整的。

(10) 测量高压线的电阻值，其最大电阻值为_____kΩ。

(11) 曲轴位置传感器和凸轮轴位置传感器的结构和工作原理基本相同，常见的有_____、_____和_____三种。

(12) 曲轴位置传感器又称为_____与_____，是采集曲轴转角和发动机转速信号并输送给 ECU，以确定喷油时刻和点火时刻。

问题2：选择正确答案，请在"□"内打"√"。

(1) 在发动机点火系中，分电器盖内有与发动机气缸数（　　　）的旁电极。
□相等　　　　□不等　　　　□两倍　　　　□不确定

(2) 能将汽车电源提供的 12V 低压电转变为能击穿火花塞电极间隙的高压电的是（　　　）。

☐点火线圈　　　　☐分电器　　　　☐点火开关　　　　☐高压线

（3）测量发动机火花塞的间隙时，应用（　　）进行。

☐塞尺　　　　☐专用量规　　　　☐卡尺　　　　☐百分表

（4）点火模块（点火器）是电子控制单元的（　　）。

☐传感器　　　　☐执行器　　　　☐电源　　　　☐输入信号

（5）同时点火系统的点火线圈为双端输出式，每端供（　　）只火花塞跳火。

☐1　　　　☐2　　　　☐3　　　　☐4

（6）采用同时点火的两气缸，若其中一缸处于压缩行程，则另一缸必处在（　　）。

☐做功　　　　☐排气　　　　☐压缩　　　　☐进气

（7）4缸发动机的双缸同时点火系统中，同时点火是（　　）。

☐1缸和2缸　　　　☐1缸和3缸　　　　☐1缸和4缸　　　　☐2缸和4缸

（8）检测电控汽车电子元件要使用数字式万用表，这是因为数字式万用表（　　）。

☐具有高阻抗　　　　☐具有低阻抗　　　　☐测量精确

问题3：根据学习内容完成下面问题（标出各组成部分名称）。

1—＿＿＿＿＿；2—＿＿＿＿＿；3—＿＿＿＿＿；4—＿＿＿＿＿；5—＿＿＿＿＿
6—＿＿＿＿＿；7—＿＿＿＿＿；8—＿＿＿＿＿；9—＿＿＿＿＿；10—＿＿＿＿＿

（1）电磁式凸轮轴/曲轴位置传感器上部分为曲轴位置传感器，由带一个凸齿的＿＿＿＿＿转子和两个感应线圈＿＿＿＿＿和＿＿＿＿＿组成。下部分为曲轴位置传感器，由一个带24个凸齿的＿＿＿＿＿转子和一个＿＿＿＿＿感应线圈组成。

（2）凸轮轴位置传感器采集配气凸轮轴的位置信号并输入ECU以便ECU识别1缸压缩上止点，从而进行顺序喷油控制、点火时刻控制和爆震控制。此外，凸轮轴位置信号还用于发动机启动时识别出第一次点火时刻。安装在凸轮轴的＿＿＿＿＿、＿＿＿＿＿或＿＿＿＿＿。

学习
任务**3**

（3）曲轴位置传感器采集曲轴转动角度和发动机转速信号输入控制单元 ECU，以便确定点火时刻和喷油时刻。一般安装在曲轴的_____、_____或_____上。

（4）Ne 信号发生器工作原理：信号转子有 4 个凸齿，转子旋转一圈（_____°）传感线圈就会产生 4 个交变信号。传感器轴每转一圈（_____°）相当于发动机曲轴旋转两圈（_____°），所以一个交变信号相当于曲轴旋转 30°。ECU 每接收 4 个信号即可知道曲轴旋转了两圈。根据每个 Ne 信号周期所占时间，即可计算确定发动机曲轴_____。

（5）G 信号发生器工作原理：G1 信号，_____判缸信号，产生于 6 缸压缩上止点前。曲轴转两圈产生一个 G1 信号，波形为正弦波。G2 信号，_____判缸信号，产生于 1 缸压缩上止点前。曲轴转两圈产生一个 G2 信号，波形为正弦波，G2 与 G1 相隔_____°曲轴转角。

问题 4：实习后完成下面问题。

（1）有分电器点火系统的电路控制与检修。

完成下面电路图。

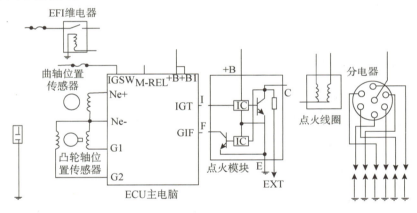

①点火线圈的检测：拔下点火线圈线束连接器，用万用表欧姆挡检测点火线圈各线圈的电阻值。

点火线圈绕组	检测条件	电阻值（Ω）	检测值	是否正常
初级线圈	冷态	0.36～0.55		
	热态	0.45～0.65		
次级线圈	冷态	9000～15400		
	热态	11400～13800		

②点火控制器的检测：起动发动机，检查点火控制器端子间的电压。

端子	标准电压值	检测条件	检测值	是否正常
＋B—搭铁	9～12V	点火开关 ON		

续表

端子	标准电压值	检测条件	检测值	是否正常
IGT—搭铁	有电压脉冲	发动机起动或怠速运转		
IGF—搭铁	有电压脉冲	发动机起动或怠速运转		

③火花塞的检查。

a. 间隙的检查。

测量值	标准值	是否合格

b. 火花塞能跳火不等于点火系统正常，还需要观察火花塞跳火时的火花强度，只有火花足够强，才能保证在压缩时正常跳火，点燃空气—燃油混合气。对比观察正常火花与弱火花之间的区别，将观察结果记录在下表中。

现象	发光强度	火花颜色
火花正常		
火花过弱		

2. 完成本学习活动后，请对学习过程和结果的质量进行评价和总结，填写评价反馈表（表3-6）。自我评价由学习者本人填写，小组评价由组长填写，教师评价由任课教师填写。

表3-6 评价反馈表

班级		姓名		学号		日期		年月日
学习活动名称：								
自我评价	1	能按时上、下课				□是		□否
	2	着装规范				□是		□否
	3	能独立完成课后习题				□是		□否
	4	能利用网络资源、维修手册等查找有效信息				□是		□否
	5	会正确使用工量具及设备				□是		□否
	6	能叙述电控点火系统中传感器的类型、结构与原理				□是		□否
	7	会检查点火系统工作情况				□是		□否
	8	学习效果自评等级				□优 □良		□中 □差
	9	总结与反思：						

续表3-6

班级		姓名	学号	日期	年月日
小组评价	10	在小组讨论中能积极发言		□优　□良	□中　□差
	11	能积极配合小组成员完成工作任务		□优　□良	□中　□差
	12	在电控点火系统的检修操作中的表现		□优　□良	□中　□差
	13	能够清晰表达自己的观点		□优　□良	□中　□差
	14	安全意识与规范意识		□优　□良	□中　□差
	15	遵守课堂纪律		□优　□良	□中　□差
	16	积极参与汇报展示		□优　□良	□中　□差
教师评价	17	综合评价等级： 评语： 教师签名：＿＿＿＿＿＿　＿＿年＿＿月＿＿日			

四、学习拓展

1. 大众桑塔纳2000GSi AJR发动机磁感应式曲轴位置传感器的检修

大众桑塔纳2000GSi AJR发动机磁感应式曲轴位置传感器安装在曲轴箱内靠近离合器一侧的缸体上，主要由信号发生器和信号转子组成。

①传感器电阻的检查。断开点火开关，拔出传感器引线插头，检测传感器插座端子2与3间信号线圈电阻，应为450～1000Ω；若电阻为无穷大，说明信号线圈断路，应更换传感器。检测传感器端子2或3与屏蔽线端子1之间电阻，应为无穷大；若电阻值不是无穷大，则更换传感器。

②线束导通性的检查（图3-42）。检测传感器与控制单元ECU之间的线束时，分别检测传感器线束插头端子3与控制单元线束插孔56、传感器线束插头端子2与控制单元线束插孔63、传感器线束插头端子1与控制单元线束插孔67之间的电阻值，其阻值最大不超过1.5Ω。若电阻值为无穷大，说明导线断路，需要修理或更换线束。

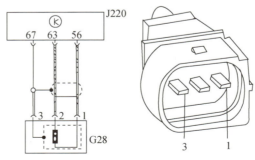

图3-42　线束导通性的检查

③信号转子与磁头间的间隙的检查（图3-43）。信号转子凸齿与磁头间的间隙应在

0.2～0.4mm之间，间隙如有变化，必须按规定进行调整。

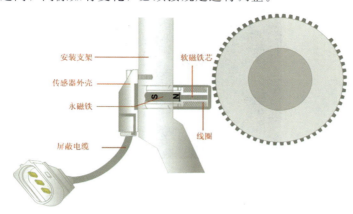

图 3-43 信号转子与磁头间的间隙的检查

2. 丰田卡罗拉轿车 1.6L（发动机型号为 1ZR-FE）电控点火系统（图 3-44）的检修

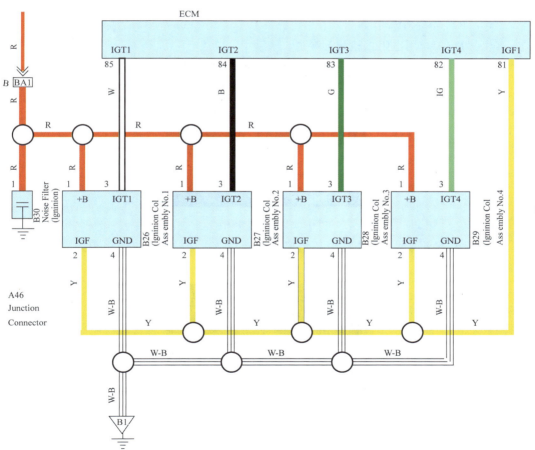

图 3-44 丰田卡罗拉轿车 1.6L 电控点火系统电路

①起动发动机做试火测试（图 3-45），若无火，更换同标准火花塞后再次试火，如

还无跳火现象，应检查点火控制系统。

图 3-45　试火测试

②打开点火开关置于"ON"位置，拔出点火器连接器。

③用万用表电压挡分别检测 1♯ 至 4♯ 的端子电压（图 3-46）：

1♯：＋B，为 12V；

2♯：IGF，为 5V 左右；

3♯：IGT，为 0V；

4♯：为 0V，用电阻挡检测为导通。

图 3-46　检测 4 个端子电压

④用试灯检测 3♯ 端子工作电压情况，起动发动机运转，试灯应出现闪亮频率，如图 3-47 所示。

图 3-47　检测 3♯ 端子工作电压情况

实训作业工单

实训班级			维修班组		
组员					
整车型号			车辆识别代码		
发动机型号			行驶里程		
步骤	**作业记录内容**			**任务完成情况**	
一、前期准备	按 6S 标准进行工具、工位准备			□任务完成	
二、安全检查	举升机的安全检查、尾气排污装置及发动机外部检查等。			□任务完成	
三、检测传感器	①曲轴位置传感器/凸轮轴位置传感器线束是否松动？			□任务完成	
	②检查曲轴位置传感器/凸轮轴位置传感器和爆震传感器电阻是否为正常值			□是　□否	
	③正确安装结束插头			□任务完成	
	④检测判断工作电压是否正常			□是　□否	
四、检修电控点火系统	①正确拆卸分电器盖和火花塞、分缸线			□任务完成	
	②检查曲轴传感器的磁路间隙为____mm、火花塞间隙为____mm 判断：试火是否正常？			□是　□否	
	③正确安装分电器盖和火花塞、分缸线。			□任务完成	
五、竣工检验	①故障是否排除？			□是　□否	
	②设备器材、工量具、场地等是否整理、清洁？			□是　□否	

工单记录员：_____　维修技师：_____　质检员：_____

教学活动 2　节气门体的检测

一、信息收集

引导问题 1　节气门位置传感器有什么作用？其类型有哪些？

1. 节气门位置传感器的作用

节气门位置传感器安装在发动机节气门体上节气门轴的一端，其作用是将节气门开度（发动机负荷大小）转变为电信号输入 ECU，ECU 根据节气门位置信号判别发动机的工况，如怠速工况、部分负荷工况和大负荷工况等，并根据发动机不同工况对混合气浓度的需求来控制喷油时间及其他辅助控制（如 EGR、开闭环控制等）。

2. 节气门位置传感器的类型

节气门位置传感器主要有线性式、关开式和占空比式及电子节气门式等。

引导问题 2　线性式节气门位置传感器的结构与工作原理是怎样的？

1. 结构

线性式节气门位置传感器由节气门轴、可变电阻及滑动触点、怠速触点、壳体组成，如图 3-48 所示。

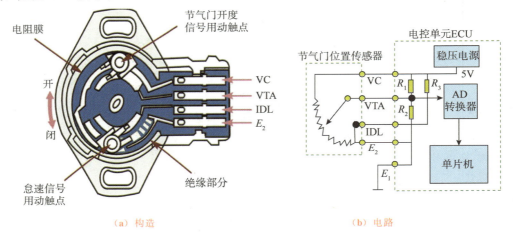

（a）构造　　　　　　（b）电路

图 3-48　线性式节气门位置传感器的结构与电路

滑动触点可在可变电阻器上滑动，将节气门开度值转化为电压值，怠速触点专门用于确定节气门完全关闭时的位置，提供准确的怠速信号。

2. 工作原理

在传感器上安装了两个与节气门联动的电刷触头，其中一个电刷触头在印刷电路基片的滑片电阻上滑动，利用电阻值的变化，测得与节气门开度对应的线性输出电压，根据输出的电压值，可知节气门的开度。另一个电刷触头在节气门关闭时与怠速触点 IDL 接触。怠速触点专门用于确定节气门完全关闭时的位置，提供准确的怠速信号；IDL 信号主要用于断油控制和点火提前角的修正。

引导问题 3 关开式节气门位置传感器的结构与工作原理是怎样的?

1. 结构

关开式节气门位置传感器的结构如图 3-49 所示。

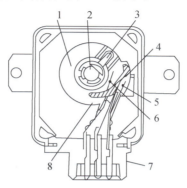

图 3-49 关开式节气门位置传感器的结构

1—导向凸轮；2—节气门轴；3—控制杆；4—活动触点；
5—怠速触点 IDL；6—功率触点；7—壳体；8—移动转盘

2. 工作原理

当节气门关闭时，怠速触点闭合，怠速工况信号输出为高电平，功率触点信号输出为低电平；当节气节门开度在 80％ 以上时，功率触点闭合，功率工况信号输出为高电平，怠速工况信号输出为低电平。

（1）工作状态 1。

当节气门关闭时，怠速触点闭合、功率触点断开，如图 3-50 所示。

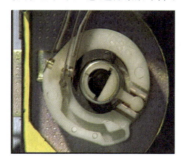
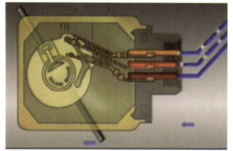

图 3-50 工作状态 1

（2）工作状态 2。

当节气门开度增大时，凸轮随节气门轴转动，并将怠速触点顶开，功率触点保持断开状态，如图 3-51 所示。

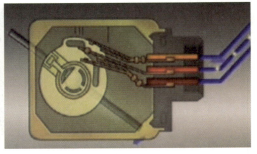

图 3-51　工作状态 2

（3）工作状态 3。

节气门接近全部开启时，凸轮转动使功率触点闭合，怠速端子保持断开，如图 3-52 所示。

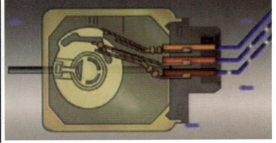

图 3-52　工作状态 3

关开式节气门位置传感器与 ECU 的连接如图 3-53 所示。

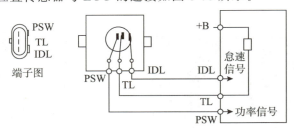

（a）开关式节气门位置传感器

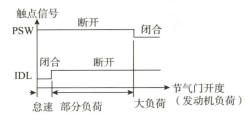

（b）触点式 TPS 的输出特性

图 3-53　关开式节气门位置传感器与 ECU 的连接

引导问题3　电子节气门的结构与工作原理是怎样的？

传统的节气门与加速踏板之间通过拉索（杆）连接，节气门的开度完全由主驾驶通过加速踏板来控制。这种机械控制方式只能使发动机电子控制系统完全按驾驶员对加速踏板的操作控制发动机的工作，不能确保发动机的工作状态与汽车的运行情况形成最佳的匹配。

电子节气门控制系统使加速踏板与节气门之间无机械连接，而是通过传感器、电子控制器及节气门驱动装置实现电子控制方式的连接，可使发动机节气门的开度不完全取决于驾驶员对加速踏板的操纵，控制系统可根据发动机的工况、汽车的行驶状态等对节气门的开度做出实时的调节，使发动机在最适宜的状态下工作，从而提高了汽车的动力性、安全性及舒适性。电子节气门开始只是在某些高级轿车上应用，现已出现在国内外生产的家用轿车上。

1. 结构

电子节气门控制系统主要由节气门总成、加速踏板位置传感器和电子控制器等组成，如图 3-54 所示。

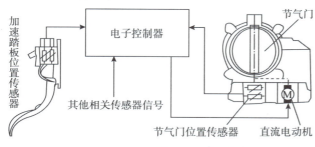

图 3-54　电子节气门控制系统的结构

加速踏板位置传感器通常采用双电位计式传感器，安装在加速踏板总成内部，用于检测加速踏板的位置变化。双电位计式加速踏板位置传感器同时输出两个大小同向变化，但变化斜率不同的电压力信号，可提高测量精度，使电子控制器对节气门开度的控制更加精准。加速踏板位置传感器安装在发动机舱内时，加速踏板与传感器之间通过一根拉索连接。

节气门位置传感器采用无触点的双电位计式传感器，安装在节气门总成内，用于将节气门的位置信息反馈给电子控制器。节气门位置传感器双电位计的两个电压信号通常是相向改变的，当节气门开度改变时，节气门位置传感器的一个信号电压增大，另一个信号电压则减小。节气门位置传感器设双电位计的目的也是提高电子控制器对节气门位置的控制准确度。

电子控制器根据加速踏板位置传感器及其他相关传感器的信号进行最佳节气门开度判断，并输出控制信号，控制节气门驱动装置，将节气门调整到适当开度。电子节气门控制器通常是发动机电子控制器中的一个控制模块，由相应的控制程序和驱动电路组成。

节气门驱动装置由电动机和机械传动机构组成，其作用是按照电子控制器的指令动作，及时调节节气门的开度。

2. 工作原理

（1）电子节气门控制系统的工作方式（图 3-55）。

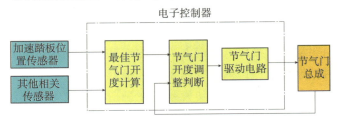

图 3-55　电子节气门控制系统的工作方式

发动机工作时，加速踏板位置传感器将反映加速踏板位置的电信号输送给电子控制器，电子控制器根据此位置信号判断驾驶员的驾车意图，并参考发动机转速传感器、进气压力传感器及其他相关传感器的电信号，得到最佳节气门开度参数，然后与当前节气门位置进行比较。当节气门开度与最佳开度参数不一致时，便输出控制信号，控制节气门驱动装置工作，将节气门调整到适当开度。

（2）电子节气门总成的结构与工作原理。

电子节气门总成用来执行来自电子控制器的指令，迅速调节节气门开度，以控制发动机的进气量。与此同时，输出反映节气门当前位置的电信号，以使电子控制器能实时监控节气门开度。

电子节气门总成由节气门、节气门驱动执行器和节气位置传感器等构成。采用直流电动机和齿轮传动机构的电子节气门总成如图 3-56 所示。

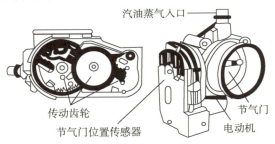

图 3-56　电子节气门总成

电子控制器通过输出脉宽可变的控制信号来控制直流电动机的通电时间，电动机通电转动时，通过上齿轮传动机构驱动节气门转过相应的转角。电子控制器通过直流电动机电流方向，实现节气门开度的增大或减小控制。

节气门位置传感器（2 个电位计）的滑片与节气门同轴，当节气门转动时，电位计滑片同步转动，使电位计的输出电压随节气门的位置变化而改变。

采用步进电动机的电子节气门驱动装置按"步"转动，每步的转角固定。电子控制器通过 4 个控制端子（S_1、S_2、S_3、S_4）输出如图 3-57 所示的电压脉冲来控制步进电动机转动步数和转动方向。控制器以输出的电压脉冲数控制电动机的转动步数，以各电压脉冲顺序控制电动机的转向，如果按 $S_1 \rightarrow S_2 \rightarrow S_3 \rightarrow S_4$ 的顺序输出控制脉冲，电动机转动，使节气门开度增大；如果按 $S_4 \rightarrow S_3 \rightarrow S_2 \rightarrow S_1$ 的顺序输出控制脉冲，电动机反向转动，使节气门开度减小。

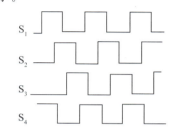

图 3-57　步进电动机转动控制脉冲电压

引导问题 4　怠速控制系统是怎样工作的？

怠速控制系统主要由传感器、ECU、和执行元件三部分组成，如图 3-58 所示。

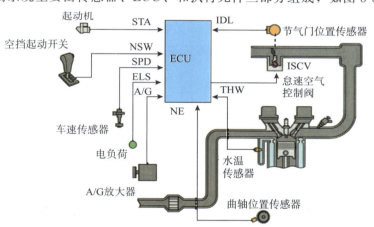

图 3-58　怠速控制系统

怠速控制系统的功用：在发动机处于起动、怠速工况时，发动机 ECU 根据各个传感器、开关传来的输入信号，确定发动机的工作情况，通过控制怠速控制阀的开度来控制怠速时发动机的进气量，从而控制发动机的怠速转速。

引导问题 5　怠速控制阀有哪些类型？其结构与原理是怎样的？

按怠速控制类型，怠速控制阀（ISCV）可分为旋转滑阀式、步进电机式和占空比式等。

目前常见的怠速控制系统有旋转滑阀式怠速控制系统和步进电机式怠速控制系统。

1. 旋转滑阀式怠速控制系统

集成电路（IC）是利用发动机 ECU 信号传出的占空信号，控制流向电磁线圈电流的大小及方向，同时控制从节气门的旁通通道流入的空气量，并使阀门转动（图3-59）。占空比较高时，IC将阀门向打开方向转动；占空比较低时，IC将阀门向关闭方向转动。怠速控制阀就这样打开和关闭。

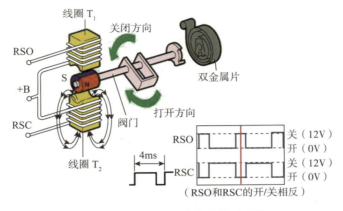

图3-59　旋转滑阀式怠速控制系统

（1）功用。

由ECU控制两个线圈的通电或断电，改变两个线圈产生的磁场强度，与永久磁铁形成的磁场相互作用，即可改变控制阀的位置，调节怠速空气口的开度，以实现对怠速空气量的控制。

（2）工作原理。

旋转滑阀式怠速控制系统的构造如图3-60所示。图3-61为丰田佳美、威驰的怠速控制阀，此外，桑塔纳2000、夏利2000、富康1.6A以及广州本田奥德赛等轿车都使用这种怠速控制阀。

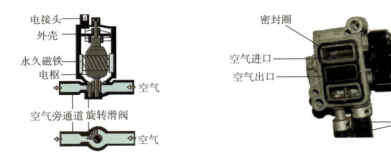

图3-60　旋转滑阀式怠速控制系统的构造　　　图3-61　丰田佳美、威驰的怠速控制阀

旋转滑阀式怠速控制系统主要由永久磁铁、空气旁通通道、旋转滑阀和复位弹簧等组成。其中，旋转滑阀固装在电枢轴上，与电枢轴一起转动，以控制通过空气旁通通道的空气量。永久磁铁固装在外壳上，形成永磁磁场。复位弹簧的作用是在发动机熄火后使怠速阀旁通通道完全打开。电枢铁心上绕有两组绕向相反的电磁线圈 L_1 和 L_2（图3-62），当给线圈通电时，就会产生磁场，从而使电枢轴带动旋转滑阀转动，控制通过空气旁通通道的空气。电磁线圈 L_1 和 L_2 由发动机控制模块通过晶体管 V_1 和 V_2 控制，V_1

和 V_2 由同一信号进行反向控制，即 V_2 导通时，V_1 截止；V_2 截止时，V_1 导通。

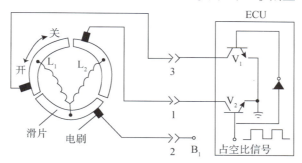

图 3-62

由这两组线圈的导通时间的比例关系来决定电枢所受的转矩和偏转角度。电枢受到的转矩有三个：

T_1——线圈 L_1 产生的转矩，逆时针方向，大小与电流有关。

T_2——线圈 L_2 产生的转矩，顺时针方向，大小与电流有关。

T_3——复位弹簧产生的转矩，逆时针方向，大小与转角有关。

工作时，发动机控制模块根据发动机冷却液温度传感器（ECT）和节气门位置传感器（TPS）等输入的信号，确定发动机所处怠速工况的混合气浓度，并输出占空比信号控制 L_1 或 L_2 的通电时间。占空比是指发动机控制模块控制信号在一个周期内通电时间与通电周期之比，如图 3-63 所示。

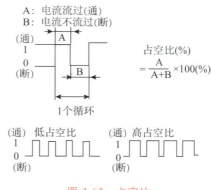

图 3-63　占空比

若不计复位弹簧的扭矩，则：

①当占空比为 50% 时，L_1 和 L_2 平均通电时间相等，$T_1 = T_2$，电枢停止转动。

②当占空比大于 50% 时，线圈 L_2 的平均通电时间长，$T_2 > T_1$，电枢带动旋转滑阀顺时针偏转，空气旁通道截面增大，怠速升高。

③当占空比小于 50% 时，线圈 L_1 的平均通电时间长，$T_1 > T_2$，电枢带动旋转滑阀逆时针偏转，空气旁通道截面减小，怠速降低。

旋转滑阀根据控制脉冲信号的占空比偏转，占空比的范围为 18%（旋转滑阀关闭）至 82%（旋转滑阀打开）之间，旋转滑阀的偏转角度限定在 90° 内。

2. 步进电机式怠速控制系统

步进电机式怠速控制阀一般安装在节气门体或进气室上，阀体被安装在转子末端上，发动机 ECU 发送信号到步进电机，电机转子在磁场中旋转，旋转过程中转子被转出或转入，控制流过空气旁通道的空气量。如图 3-64 所示。

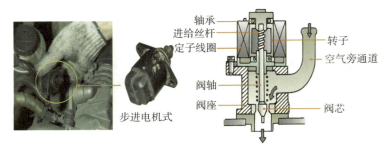

图 3-64　步进电机工怠速控制系统

这里介绍丰田汽车的步进电机式怠速控制阀，其主要由阀轴、轴承、转子、定子线圈和阀体等组成，如图 3-65 所示。

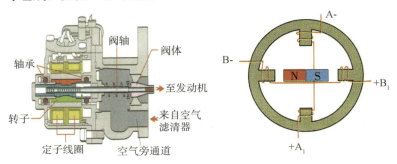

图 3-65　丰田汽车的步进电机式怠速控制阀

（1）工作原理。

如图 3-65 所示，当电流从 B_1 流向 B 时（脉冲信号），使 N 极在右，S 极在左。由于同性相斥、异性相吸，永磁铁转子的 N 极在左，S 极在右。当从 B_1 流向 B 的脉冲电压消失后，电流再从 A 流向 A_1，使 N 极在上，S 极在下，永磁铁转子将沿逆时针方向旋转 90°（使 S 极在上，N 极在下）。当从 A 流向 A_1 的电流消失后，电流再从 B 流向 B_1，N 极在左，S 极在右，永磁转子沿逆时针方向再旋转 90°（S 极在左，N 极在右）。当从 B 流向 B_1 的电流消失后，电流再从 A_1 流向 A，N 极在下，S 极在上，永磁转子继续沿逆时针旋转 90°（S 极在下，N 极在上）。

（2）功用。

怠速步进电机是由 ECU 通过控制两个单独线圈的电流方向和通电顺序来控制螺杆的旋转方向和旋转量的，最终确定阀芯和阀座所形成的空气旁通道的流通截面积，以达到精确控制怠速转速的目的。

知识链接

占空比式怠速控制阀由电磁线圈、阀轴和阀等组成，如图 3-66 所示。

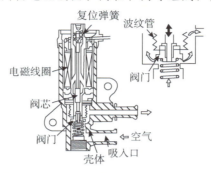

图 3-66　占空比式怠速控制阀

当 ECU 输出 PWM 信号的脉宽（占空比）增大时，电磁力加大，阀轴上移而阀门开度加大，从而导致旁通空气量加大与怠速提高；当 PWM 信号的脉宽减小时，旁通空气量减少而怠速下降。波纹管的作用是消除阀门上、下两侧压差对开启位置的影响，便于 ECU 计算决定 PWM 信号，同时也减小了阀上的作用力。

控制阀的开度取决于线圈产生的电磁力大小，与旋转滑阀式怠速控制阀相同，ECU 是通过控制输入线圈脉冲信号的占空比来控制电场强度的，以调节控制阀的开度，从而实现对怠速空气量的控制。

二、任务实施

（一）工量具、设备及材料准备

节气门体检测所需工量具、设备及材料如表 3-7 所示。

表 3-7　工量具、设备及材料准备

资料及工量具名称	数量	是否准备	
丰田 8A 发动机台架或整车	一台	是□	否□
数字式万用表	一个	是□	否□
常用工具	一套	是□	否□
三角木	四个	是□	否□
翼子板布、前罩	一套	是□	否□
试灯	一个	是□	否□

资料及工量具名称	数量	是否准备	
绝缘胶布	一圈	是□	否□
塞尺	一把	是□	否□
8♯、10♯烟斗套筒	各一把	是□	否□
关开式节气门位置传感器	一个	是□	否□
电子节气门	一个	是□	否□
汽油	若干	是□	否□
化油器清洗剂	一瓶	是□	否□
干净的抹布	一块	是□	否□
维修手册等资料	一套	是□	否□

（二）线性式节气门位置传感器的检测

（1）扳动节气门操纵臂，节气门开至最大后放松，检查节气门连动部件动作是否灵活，如图 3-67 所示。

图 3-67　检查节气门连动部件

（2）起动并预热发动机，用手指检查各真空软管的真空度。不同车型的真空软管的真空状态不同，检查后应根据维修手册判定其是否正确。若某项指标不符合要求，应从车上拆下节气门体进行维护。

知识链接

图 3-68 为对丰田佳美 5S-FE 型发动机节气门体各真空软管的检查。

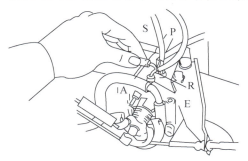

图 3-68　对丰田佳美 5S-FE 型发动机节气门体各真空软管的检查

丰田佳美 5S-FE 型发动机节气门体各真空软管的真空状况如表 3-8 所示。

表 3-8　丰田佳美 5S-FE 型发动机节气门体各真空软管的真空状况

孔口名称	怠速时	非怠速时
A	非真空	真空
P（澳大利亚发动机）	非真空	真空
E	非真空	真空
S	真空	非真空
R	非真空	非真空

（3）用软刷和化油器清洗液将节气门的各铸件及通道清洗干净，并用压缩空气吹通各通道和通孔。（注意：不要清洗节气门位置传感器）

（4）将节气门完全关闭，此时节气门限位螺钉和节气门杆间应无间隙，如图 3-69 所示。

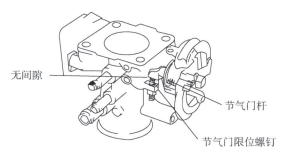

无间隙

节气门杆

节气门限位螺钉

图 3-69　节气门限位螺钉与节气门杆的关系

表 3-9   线性式节气门位置传感器的检测

步骤	
开路检测（电阻检测）	①拔下传感器线束插座，可见到插座上共有 4 个端子。 ②用万用表电阻挡测量 IDL、VTA、VCC 与 *E* 接线柱间的电阻值，如图 3-70 所示，若电阻值不符合规定，应调整或更换节气门位置传感器。表 3-10 为丰田 5A 型发动机线性式节气门位置传感器各接线柱间的电阻值。 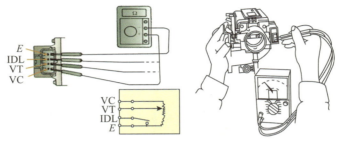 图 3-70 用万用表检测节气门位置传感器

表 3-10   丰田 5A 型发动机线性式节气门位置传感器各接线柱间的电阻值

	节气门开度	VT—E	IDL—E	VC—E
电阻值（Ω）	全闭	0.34～6.30	0	3.1～7.2
	塞尺调整 0.45mm	2.4～11.2	<0.5	3.1～7.2
	塞尺调整 0.55mm	2.4～11.2	无穷大	3.1～7.2

步骤	
就车检测（电压检测）	①插好节气门位置传感器插件。 ②打开点火开关，但不要起动发动机。 ③用万用表电压挡检测 IDL—E、VC—E、VT—E 之间的电压值，应符合要求（表 3-11）。

表 3-11   各端子间标准电压值

端子	条件	标准电压
IDL—E	节气门全开	9～12V
VC—E		4.2～5.5V
VT—E	节气门全闭	0.3～0.8V
	节气门全开	3.2～4.9V

步骤	
调整	上述检查过程中，若传感器的怠速触点不符合要求，应进行必要的调整，调整方法如下： ①拧松节气门位置传感器的两个固定螺钉，如图3-71所示。  **图3-71　拧松固定螺钉** ②将厚度为0.45mm的塞尺插入节气门限位杆和限位螺钉之间，同时用万用表测量怠速触点的导通状况，如图3-72所示。  **图3-72　测量怠速触点的导通状况** ③逆时针转动节气门位置传感器，使怠速触点断开，然后按顺时针方向慢慢地转动节气门位置传感器，直至怠速开关闭合为止。 ④拧紧节气门位置传感器上的两个固定螺钉。 ⑤分别用0.45mm和0.55mm的塞尺插入节气门限位螺钉和限位杆之间，同时测量怠速触点的导通情况。当塞尺为0.45mm时，怠速触点应导通；当塞尺为0.55mm时，怠速触点应断开；否则，应重新调整。

（三）关开式节气门位置传感器的检测

1. 电阻检测

（1）将点火开关置于"OFF"，拆下传感器插头，在节气门限位杆和限位螺钉之间插入适当厚度的塞尺。

（2）用万用表测量 IDL 端子、PSW 端子与 TL 端子的导通情况，应符合标准，如

图 3-73 所示。表 3-12 为丰田 4A-FE 型发动机节气门位置传感器各接线柱之间的导通状况。若不符合规定的导通状况，应调整或更换传感器。

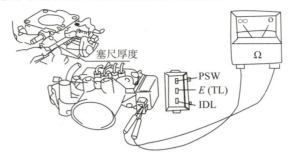

图 3-73　测量各端子间的导通状况

表 3-12　丰田 4A-FE 型发动机节气门位置传感器各接线柱之间的导通状况

限位杆与限位螺钉之间的间隙（mm）	接线柱		
	IDL—E	PSW—E	IDL-PSW
0.60	导通	不导通	不导通
0.80	不导通	不导通	不导通
节气门全开	不导通	导通	不导通

2. 调整

如果上述检测结果不符合标准，可进行调整。松开传感器的固定螺钉，在节气门限位螺钉和限位杆之间插入 0.7mm 的塞尺，并用万用表测量传感器 IDL 端子与 E（TL）端子之间的导通情况。先逆时针转动传感器，使 IDL 端子和 E（TL）端子之间不导通，再顺时针转动传感器，直到 IDL 端子和 E（TL）端子之间导通时，拧紧传感器固定螺钉。最后换用 0.60mm 或 0.80mm 的塞尺，再检查 IDL 端子和 E（TL）端子之间的导通情况，应符合标准。

（四）电子节气门的检测

1. 基本检查

（1）检查节气门的连接是否平滑，有无卡涩现象。

（2）检查节气门起动机能否运转。

①打开点火开关。

②转动油门踏板位置传感器拉杆，检查是否有起动机动作响声，同时不应有摩擦声。

（3）检查油门踏板位置传感器。

①将丰田手持式检测仪连接到仪表台左下角的 DLC3 检测头上。

②检查"CHECK ENGINE"警告灯不应点亮。

③转动油门踏板位置传感器拉杆至全开位置，检查"CURRENT DATA"（当前数据）菜单下的节气门开度数值是否符合标准，标准节气门开度为60%以上。若没有丰田手持式检测仪，则可测量 ECU 接头的"VAP"和"E_2"端子间的电压，标准电压值为 3.2～4.8V。

（4）检查进气系统。

①起动发动机，检查"CHECK ENGINE"警告灯不应点亮。

②使发动机暖机至正常工作温度。

③使空调 A/C 开关在关闭状态，检查起动机怠速，标准怠速值为（700±50）r/min（变速器处于空挡）。

注意：上述检查均应在没有电负荷的状态下进行。

（5）完成（2）～（4）各步检查后，进行路试，以检查是否响应不协调。

2. 检查节气门控制电机及位置传感器

丰田卡罗拉 1ZR-FE 发动机的电子节气门控制电路如图 3-74 所示。

图 3-74　丰田卡罗拉 1ZR-FE 发动机的电子节气门控制电路

（1）拆下节气门控制连接器接头。

（2）用欧姆表测量节气门起动机电阻，即接头 1（M＋）和 2（M－）端子之间的电阻，其电阻标准值为 0.3～100Ω（20℃时），如图 3-75 所示。若电阻值不符合要求，则更换节气门起动机（连电磁离合器）。连接器插头端 1（M＋）和 2（M－）端子之间的电压为蓄电池电压。

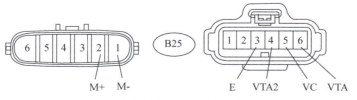

图 3-75　测量各端子间电阻

（3）用欧姆表测量离合器电阻，即接头 3（CL—）和 4（CL＋）端子间的电阻，离合器电阻标准值为 4.2～5.2Ω（20℃时）。若电阻值不符合要求，则更换节气门起动机（连电磁离合器）。

（4）用欧姆表测量"VC"和"E"端子间的电阻，标准电阻值为 1.25～2.35kΩ（20℃时）。若电阻值不符合要求，则更换节气门位置传感器。连接器插头端 3（E）和 5（VC）端子之间电压为 4.5～5.5V。

（五）节气门的清洗

节气门一般在 2 万公里左右清洗一次较为适宜。若出现以下情况，也要进行节气门的清洗：

（1）车子冷启动瞬间怠速偏高（2200～2600r/min）或过高（2600r/min 以上）。

（2）空档下怠速不稳，表现为忽高忽低、车子发抖，严重者甚至造成熄火。

（3）热车工况行驶中出现突然瞬间失速或提速。

（4）动力下降，加速无力，油耗增大。

小提示

（1）如果是热车，请在熄火后半小时以上再进行清洗节气门的操作，以免造成不必要的灼伤、烫伤等。

（2）在拆卸节气门前，彻底清除发动机舱内的尘土、水渍等，以保证洁净干燥的清洗操作环境。

表 3-13　丰田 8A 发动机节气门的清洗

步骤
拆卸蓄电池负极电源线，如图 3-76 所示。  图 3-76　拆卸蓄电池负极电源线

表格中左侧：1. 断开电源

步骤	
2.拆下油门拉索	松开螺母，拆下油门拉索，如图 3-77 所示。  图 3-77　拆下油门拉索
3.拆下节气门总成	①断开进气温度传感器连接器，并拆下空气滤清器管子及空气滤清器罩，使其与节气门分离。 ②断开节气门位置传感器及 ISC（怠速控制阀）连接器，如图 3-78 所示。  图 3-78　断开节气门位置传感器及 ISC 连接器 ③拆下 2 个螺栓和 2 个螺母，如图 3-79 所示。从进气歧管上拆下节气门体，如图 3-80 所示。  图 3-79　拆下螺栓和螺母　　　图 3-80　拆下节气门体

学习任务3

步骤	
3. 拆下节气门总成	④断开 2 个旁通水管，拆下节气门体，如图 3-81 所示。  图 3-81　断开旁通水道 ⑤拆下节气门体垫片。
4. 清洗节气门	安装好清洗喷剂的喷管，对准节气门内部喷射，全部喷涂到位以后，应当用棉布进行擦拭，清洗结束后可以内外检查一遍，没有问题就进行安装了，如图 3-82 所示。  图 3-82　清洗节气门
5. 安装节气门体总成	①安装新节气门体垫片。 ②将 2 条旁通水管接到节气门体上，如图 3-83 所示。  图 3-83　安装节气门体总成

续表3-13

	步骤
5. 安装节气门体总成	③将节气门体安装到进气歧管上，并紧固螺栓和螺母，如图3-84所示。  图3-84　紧固螺栓和螺母 ④接上节气门位置传感器、ISC（怠速控制阀）及进气温度传感器连接器插头，并安装空气滤清器管子及空气滤清器罩。
6. 恢复电源	安装油门拉索及蓄电池负极电源线，如图3-85所示。  图3-85　恢复电源

（六）怠速控制阀的检测

1. 旋转滑阀式怠速控制阀

丰田8A旋转滑阀式怠速控制阀的电路如图3-86所示。

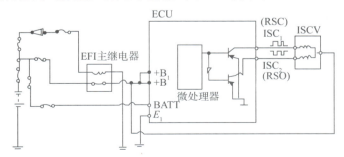

图3-86　丰田8A旋转滑阀式怠速控制阀的电路

（1）将点火开关转至"ON"，在线束侧测量电源端子＋B与搭铁之间的电压，应为9～12V；否则，说明怠速控制阀电源电路有故障。

（2）起动发动机达到工作温度时，使发动机维持怠速运转，短接诊断座上的TE_1与E_1端子，发动机转速应保持在1000～1200r/min，5s后转速下降约200r/min。若不符合上述要求，应进一步检查怠速控制阀电路、ECU和怠速控制阀。

（3）拆开怠速控制阀上的三端子线束连接器，在控制阀侧分别测量中间端子（＋B）与两侧端子ISC_1和ISC_2（RSC和RSO）之间的电阻（图3-87），正常应为18.8～22.8Ω；否则，应更换怠速控制阀。

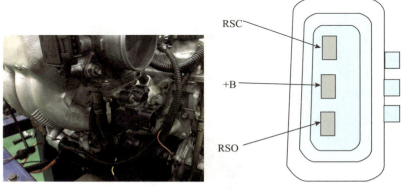

图 3-87　测量中间端子与两侧端子间的电阻

（4）从车上拆下怠速控制阀，短接电池，检查工作情况，如图3-88（a）（b）所示。

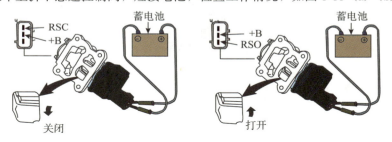

（a）向＋B和RSC端子供电，怠速阀关闭　　　（b）向＋B和RSO端子供电，怠速阀打开

图 3-88　检查工作情况

2. 步进电机式怠速控制阀

步进电机式怠速控制阀的电路如图3-89所示。

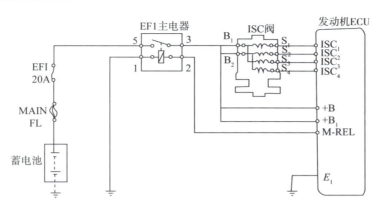

图 3-89　步进电机式怠速控制阀的电路

（1）拆下控制阀线束连接器，点火开关置于"ON"，不起动发动机，分别检测 B_1 和 B_2 与搭铁间的电压，为蓄电池电压；否则，说明怠速控制阀电源电路有故障。

（2）起动发动机后再熄火时，2～3s 内在怠速控制阀附近应能听到内部发出的"嗡嗡"响声；否则，应进一步检查怠速控制阀、控制电路及 ECU。

（3）拆下控制阀线束连接器，测量 B_1 与 S_1 和 S_3、B_2 与 S_2 和 S_4 之间的电阻（图 3-90），应为 10～30Ω；否则，应更换怠速控制阀。

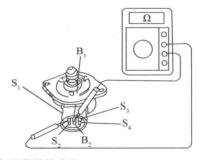

图 3-90　测量各端子间的电阻

（4）拆下怠速电磁阀，将蓄电池正极接至 B_1 和 B_2 端子，若负极按顺序依次接通 S_1—S_2—S_3—S_4 端子，随步进电动机的旋转，控制阀应向外伸出［图 3-91（a）］；若负极按反方向接通 S_4—S_3—S_2—S_1 端子，则控制阀应向内缩回［图 3-91（b）］。若工作情况不符合上述要求，应更换怠速控制阀。

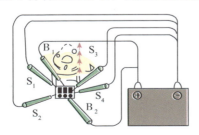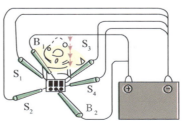

（a）各端子按 S_1—S_2—S_3—S_4 顺序与蓄电池负极相接　　（b）各端子按 S_4—S_3—S_2—S_1 顺序与蓄电池负极相接

图 3-91　接通各端子

注意事项

（1）不要用手推拉控制阀，以免损坏丝杠机构的螺纹。

（2）不要将控制阀浸泡在任何清洗液中，以免步进电动机损坏。

（3）安装时，检查密封圈好坏，并在密封圈上涂少量润滑油。

三、学习评价

1. 根据已学习过的内容，独立完成下列习题：

问题1：查阅教材及其他资料，完成下面空格。

（1）节气门位置传感器（TPS）的功用：＿＿＿＿＿＿＿＿＿＿＿＿＿＿＿＿＿及其他辅助控制（如EGR、开闭环控制等）。

（2）节气门位置传感器的安装位置：＿＿＿＿＿＿＿＿＿＿＿＿＿＿＿。

（3）节气门位置传感器按类型可分为＿＿＿＿＿＿、＿＿＿＿＿＿和＿＿＿＿＿三种。

（4）线性式节气门位置传感器是由＿＿＿＿＿＿、可变＿＿＿＿＿及＿＿＿＿触点、＿＿＿＿触点、壳体组成。

（5）线性式节气门位置传感器的工作原理：传感器有两个与节气门联动的可动＿＿＿＿＿＿，滑动触点可在＿＿＿＿＿＿上滑动，将节气门＿＿＿＿转化为＿＿＿＿值，怠速触点专门用于确定节气门完全关闭时的位置，提供准确的怠速信号IDL，主要用于＿＿＿＿＿和点火提前角的修正。

（6）关开式节气门位置传感器在节气门关闭时，怠速触点闭合，怠速工况信号输出为＿＿＿＿＿，功率触点信号输出为＿＿＿＿＿；当节气门开度在＿＿＿＿以上时，功率触点闭合，功率工况信号输出为＿＿＿＿，怠速工况信号输出为＿＿＿＿。

问题2：查阅教材及其他资料，识图完成下面问题。

（1）＿＿＿＿式节气门位置传感器：

E_2 表示＿＿＿＿＿＿＿。

IDL 表示＿＿＿＿＿＿＿。

VTA 表示＿＿＿＿＿＿＿。

VC 表示＿＿＿＿＿。

（2）＿＿＿＿式节气门位置传感器：

1 为＿＿＿＿＿＿；

2 为＿＿＿＿＿＿；

3 为＿＿＿＿＿＿；

4 为＿＿＿＿＿＿；

5 为＿＿＿＿＿＿；

6 为＿＿＿＿＿＿；

7 为＿＿＿＿＿＿；

8 为＿＿＿＿＿＿。

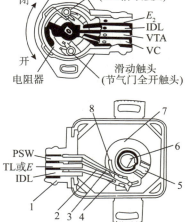

工作状态 1：

当节气门关闭时，_____闭合，_____触点断开。

工作状态 2：

当节气门开度增大时，凸轮随节气门轴转动并将_____触点顶开，_____保持断开状态。

工作状态 3：

节气门接近全部开启时，凸轮转动使_____闭合，_____保持断开。

（3）电子节气门控制系统主要由_____位置传感器和_____等组成。

（4）节气门驱动装置由_____和_____机构组成，其作用是按照电子控制的指令动作，及时调节节气门开度。

（5）电子节气门总成由_____、节气门驱动机执行器和_____等构成。采用_____和_____机构的电子节气门总成，如下图所示。

汽油蒸气入口

传动齿轮

节气门位置传感器

节气门

电动机

问题 3：请根据实习完成下面表格。

（1）线性式节气门位置传感器。

①检测各端子电阻值，完成下表。

节气门开度	VTA—E_2	IDL—E_2	VC—E_2
全闭			
全开			

②检测各端子电压值，完成下表。

节气门开度	VTA—E_2	IDL—E_2	VC—E_2
全闭			
全开			

（2）检查电子节气门总成。

①检查节气门控制电动机的工作声音。

a. 将点火开关置于_____位置。

b. 踩下油门踏板时，检查电动机的工作声音，确保电动机没有_____，如果有

_____，则更换节气门体。

②电压测试。

a. 电源电压：打开点火开关，将数字万用表_____挡红色表笔置于踏板针脚1，黑色表笔置于传感器 5 号端或电瓶负极，应显示_____电压。红色表笔置于踏脚 2，黑色表笔置于传感器 3 号或电瓶负极，应显示_____电压。

b. 信号电压：起动发动机至工作温度，将数字万用表电压挡置于节气门控制件 4 号针脚，应为_____左右；急踩加速踏板，应变为_____左右。若不符合上述变化，在电源电压与参考电压完好的前提下，可以断定节气门控制组件损坏，必须更换。

③电阻测试。

拔下节气门位置传感器插头后，测量 1 号传感器和 2 号传感器的电阻值，对比维修手册上的标准数据，判断其好坏，完成下表。

检测仪连接	条件	测量值
1（M-）—2（M+）	20℃（68 ℉）	

2. 完成本学习活动后，请对学习过程和结果的质量进行评价和总结，填写下列评价反馈表（表 3-14）。自我评价由学习者本人填写，小组评价由组长填写，教师评价由任课教师填写。

表 3-14　评价反馈表

班级		姓名		学号		日期		年月日
学习活动名称：								
自我评价	1	能按时上、下课				□是		□否
	2	着装规范				□是		□否
	3	能独立完成课后习题				□是		□否
	4	能利用网络资源、维修手册等查找有效信息				□是		□否
	5	会正确使用工量具及设备				□是		□否
	6	能叙述节气门位置传感器及怠速控制阀的类型、结构与原理				□是		□否
	7	会检测节气门位置传感器、怠速控制阀及电子节气门的清洗				□是		□否
	8	学习效果自评等级			□优　□良　□中　□差				
	9	总结与反思：							

续表3-14

班级		姓名		学号		日期	年月日		
小组评价	10	在小组讨论中能积极发言				□优	□良	□中	□差
	11	能积极配合小组成员完成工作任务				□优	□良	□中	□差
	12	在节气门位置传感器、怠速控制阀检测操作中的表现				□优	□良	□中	□差
	13	能够清晰表达自己的观点				□优	□良	□中	□差
	14	安全意识与规范意识				□优	□良	□中	□差
	15	遵守课堂纪律				□优	□良	□中	□差
	16	积极参与汇报展示				□优	□良	□中	□差
教师评价	17	综合评价等级： 评语： 教师签名：＿＿＿＿＿＿　＿＿年＿＿月＿＿日							

四、学习拓展

表3-15　丰田卡罗拉轿车1.6L（发动机型号为1ZR-FE）的电子节气门的清洗

步骤
1. 断开电源

拆卸蓄电池负极电源线，如图3-92所示。

图3-92　拆卸蓄电池负极电源线

步骤

2. 拆除节气门体

①取下发动机面盖，如图3-93所示。

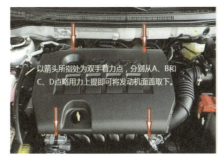

图 3-93　取下发动机面盖

②用十字螺丝刀松开进气喉管卡簧螺丝，将其从节气门上分离取下，如图3-94所示。

图 3-94　拆下进气喉管

③节气门总成通常用4个螺栓固定，将4个螺栓拆除后，拆下节气门。拆下节气门后最好用碎布等物体盖住进气道的入口，防止有杂物进入。如图3-95所示。

步骤	
2.拆除节气门体	 图 3-95　拆除节气门
3.清洗节气门	操作时最好戴上好手套、口罩，远离口、鼻、眼睛。安装好清洗喷剂的喷管，对准节气门内部喷射，全部喷涂到位以后，用棉布进行擦拭，如图 3-96 所示。清洗结束后可以内外检查一遍，没有问题就可以进行安装了。  图 3-96　清洗节气门
4.安装节气门	安装空气滤清器、进气喉管、机油蒸气回流软管等，如图 3-97 所示。安装结束再复检一次：拆装相关部位是否恢复到位，螺丝是否紧固，卡子、线束是否固定到位等。  图 3-97　安装节气门

学习任务 3

续表3-15

步骤	
5. 数据匹配	清洗完节气门后，将蓄电池负极安装通电，用检测电脑对节气门进行数据匹配，复位节气门的开度。因为车的 ECU（行车电脑）已经记忆了有积炭时的开度，如果不复位，发动机就会出现怠速不稳、转速过高的情况，所以必须用专业的设备匹配数据。如图 3-98 所示。   检测电脑正对节气门进行数据匹配，复位节气门的开度。 **图 3-98　数据匹配**

实训作业工单

实训班级		维修班组	
组员			
整车型号		车辆识别代码	
发动机型号		行驶里程	

步骤	作业记录内容	任务完成情况
一、前期准备	按 6S 标准进行工具、工位准备	□任务完成
二、安全检查	举升机的安全检查、尾气排污装置及发动机外部检查等。	□任务完成
三、检测线性式节气门位置传感器	①检查节气门位置传感器线束是否松动	□任务完成
	②检查节气门位置传感器电阻是否为正常值	□任务完成
	③正确安装结束插头	□任务完成
	④检测判断工作电压是否正常	□任务完成
四、怠速控制阀	①检查怠速控制阀线束是否松动	□任务完成
	②检查怠速控制阀控制电阻是否为正常值	□任务完成
	③正确安装结束插头	□任务完成
	④检测判断工作电压是否正常	□任务完成

续表

实训班级		维修班组	
五、节气门体的清洗	①正确拆卸节气门体		□任务完成
	②检查并正确清洁节气门		□任务完成
	③正确安装清洁节气门		□任务完成
	④正确使用仪器匹配数据		□任务完成
六、竣工检验	①故障是否排除？		□是　□否
	②设备器材、工量具、场地等是否整理、清洁？		□是　□否

工单记录员：＿＿＿＿＿　维修技师：＿＿＿＿＿＿＿＿＿＿　质检员：＿＿＿＿＿＿

学习任务四
汽车尾气排放不达标故障检修

学习目标

完成本学习任务后，你应当能够：

（1）叙述发动机氧传感器控制系统、三元催化转化器、废气再循环系统控的功用及工作原理。

（2）查找发动机氧传感器、三元催化转化器以及废气再循环系统相关部件的安装位置。

（3）根据故障现象和查阅资料获取的信息，分析汽车尾气排放不达标的故障原因，并在教师的指导下制定故障诊断方案，完成故障诊断流程图的编制。

（4）在教师的指导下，以小组合作的方式，按照拟定的流程和规范操作的要求诊断和排除汽车尾气排放不达标的故障。

（5）在教师指导下，根据技术标准对维修车辆进行维修质量检验。

（6）对工作任务的完成情况进行正确评估和反思，制定汽车尾气排放不达标的故障以及其他故障的诊断流程并实施。

建议学时

12 学时。

内容结构

- 发动机氧传感器控制系统的功用及工作原理
- 三元催化转化器的功用及工作原理
- 废气再循环系统的功用及工作原理
- 发动机氧传感器的安装位置
- 三元催化转化器的安装位置
- 废气再循环系统相关部件的安装位置

汽车尾气排放不达标故障检修

- 分析汽车尾气不达标的故障原因
- 编制故障诊断流程图
- 检测氧传感器的的工作情况
- 检测三元催化转化器的工作情况
- 检测废气再循环系统的工作情况

学习任务描述

一辆 2010 款 1.6L 丰田卡罗拉轿车，发动机型号为 1ZR-FE，客户反映汽车油耗过高，尾气排放超标。如果你是维修人员，请你对该故障车进行检修。

教学活动 1　氧传感器的检测

一、信息收集

引导问题 1　为什么现代车辆上需安装氧传感器？

1. 氧传感器的安装位置

氧传感器多数安装在排气歧管中，但是安装位置和安装数量随发动机的不同而不同。老款汽车上，只在三元催化装置前面安装 1 个氧传感器，而现代新款汽车上一般安装有 2 个氧传感器（图 4-1）：一个在三元催化装置前；一个在其后。

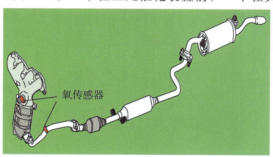

图 4-1　氧传感器的安装位置

2. 氧传感器的作用

氧传感器也称为气体浓度传感器，是发动机电控系统中的一个非常重要的传感器，其功能是通过监测排气中氧离子的含量来获得混合气的空燃比信号，并将空燃比信号转变成电子信号输入发动机 ECU。ECU 根据氧传感器信号对喷油时间进行修正，实现空燃比反馈控制（闭环控制），从而将空燃比控制在 14.7 左右（过量空气系数为 0.98～1.02），使发动机得到最佳浓度的混合气，从而达到降低有害气体排放和节油的目的。

引导问题 2　常见的氧传感器有哪几种？

目前使用的氧传感器有氧化锆式和氧化钛式两种，其中应用最多的是氧化锆式氧传感器。

学习任务 4

1. 氧化锆式氧传感器

（1）结构。

氧化锆式氧传感器的基本元件是氧化锆陶瓷管（固体电解质），也称为锆管（图 4-2）。锆管固定在带有安装螺纹的固定套中，内外表面均覆盖着一层多孔性铝膜，其内表面与大气接触，外表面与废气接触。氧传感器的接线端有一个金属护套，其上开有一个用于锆管内腔与大气相通的孔；电线将锆管内表面铂极经绝缘套从此接线端引出。

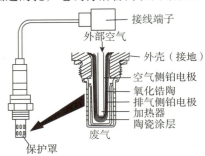

图 4-2　氧化锆式氧传感器的结构

氧化锆在温度超过 300℃ 后才能进行正常工作。早期使用的氧传感器靠排气加热，这种传感器必须在发动机起动运转数分钟后才能开始工作，它只有一根接线与 ECU 相连 [图 4-3（a）]。现在，大部分汽车使用带加热器的氧传感器 [图 4-3（b）]，这种传感器内有一个电加热元件，可在发动机起动后 20～30s 内迅速将氧传感器加热至工作温度，它有四根接线：两根为加热器接线端；另外两根分别为接地和信号输出端。

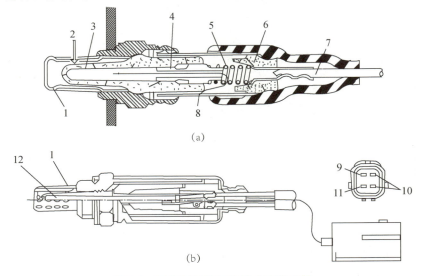

（a）

（b）

图 4-3　两种不同的氧化锆式氧传感器

1—保护套管；2—废气；3—锆管；4—电极；5—弹簧；6—绝缘体；7—信号输出导线；
8—空气；9—接地；10—加热器接线端；11—信号输出端；12—加热器

（2）工作原理。

锆管的陶瓷体是多孔的，渗入其中的氧气在温度较高时发生电离。由于锆管内、外侧氧含量不一致，存在浓度差，因此氧离子从大气侧向排气一侧扩散，从而使锆管成为一个微电池，在两铂极间产生电压（图 4-4）。当混合气的实际空燃比小于理论空燃比，即发动机以较浓的混合气运转时，排气中氧含量少，但 CO、HC 和 NO$_x$ 等较多。这些气体在锆管外表面的铅催化作用下与氧发生反应，将耗尽排气中残余的氧，使锆管外表面氧气浓度变为零，这就使得锆管内、外侧氧浓度差加大，两铅极间电压陡增。因此，锆管氧传感器产生的电压将在理论空燃比时发生突变：稀混合气时，输出电压几乎为零；浓混合气时，输出电压接近 1V。

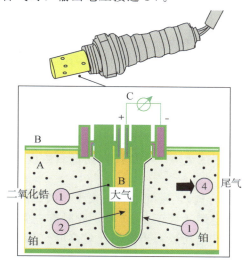

图 4-4　氧化锆氧传感器的工作原理

　　当混合气稀时，排气中氧含量多，两侧氧浓度差小，只产生小的电压；相反，混合气浓时，电压增大。氧传感器电压在过量空气系数 1 等于 1 时产生突变，大于 1 时输出电压几乎为零，小于 1 时输出电压接近 1V，如图 4-5 所示。在发动机混合气空燃比闭环控制的过程中，氧传感器相当于一个浓稀开关，根据混合气空燃比变化向电脑输送脉冲宽度变化的电压脉冲信号，如图 4-6 所示。

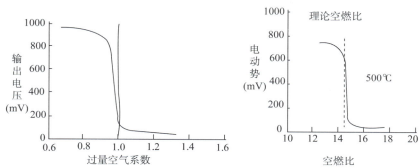

图 4-5　氧传感器的电压特性

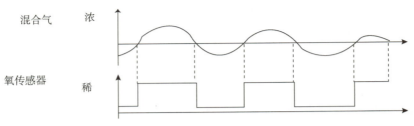

图 4-6 氧传感器电压脉冲信号变化

氧化锆型氧传感器输出信号的强弱与工作温度有关（正常工作温度为 400℃～900℃），有些氧传感器采用加热的方式来保证其正常工作温度，称为加热式氧传感器，它与不加热式的区别仅在于增加了一个陶瓷加热元件。加热式氧传感器安装灵活性大，不受极端温升的影响，同时扩大了混合气闭环控制的工作范围。

氧化锆氧传感器的核心元件是多孔的 ZrO_2 陶瓷管，它是一种固态电解质，两侧面分别烧结上多孔铂（Pt）电极。在一定温度下，由于两侧氧浓度不同，高浓度侧（陶瓷管内侧）的氧分子被吸附在铂电极上与电子（4e）结合形成氧离子 O_2^-，使该电极带正电，O_2^- 离子通过电解质中的氧离子空位迁移到低氧浓度侧（废气侧），使该电极带负电，即产生电势差。

当空燃比较低时（浓混合气），废气中的氧较少，因此陶瓷管外侧氧离子较少，形成 1.0V 左右的电动势；当空燃比等于 14.7 时，此时陶瓷管内外两侧产生的电动势为 0.4～0.5V，该电动势为基准电动势；当空燃比较高时（稀混合气），废气中氧含量较高，陶瓷管内外的氧离子浓度差较小，所以产生电动势很低，接近为零。

2. 氧化钛式氧传感器

氧化钛式氧传感器是利用二氧化钛作为敏感元件，二氧化钛属于 N 型半导体材料，其阻值取决于材料温度以及周围环境中氧离子的浓度，因此，可以用来检测排气中的氧离子浓度。

（1）结构。

氧化钛式氧传感器的外形与氧化锆式氧传感器相似，主要由二氧化钛元件、钢制壳体、加热元件和电极引线等组成，如图 4-7 所示。

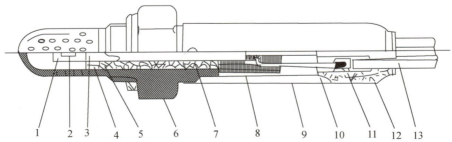

图 4-7 氧化钛式氧传感器的结构

1—加热元件；2—二氧化钛元件；3—基片；4—垫圈；5—密封圈；6—壳体；7—滑石粉填料；
8—密封釉；9—护套；10—电极引线；11—连接焊点；12—密封衬垫；13—传感器引线

钢制壳体上制有螺纹，以便传感器安装。与氧化锆式氧传感器不同的是，氧化钛式氧传感器不需要与大气进行氧气浓度比较，因此，传感元件的密封与防水十分简单，利用玻璃或滑石粉等材料即可达到使用要求。此外，在电极引线与护套之间设有一个硅橡胶密封衬垫，可以防止水汽侵入传感器内部而腐蚀电极。

加热元件用钨丝或陶瓷材料制成，加热的目的是使二氧化钛芯温度保持恒定，使输出特性不受温度的影响。二氧化钛是一种多孔性陶瓷材料，可以利用热传导方式对芯或厚膜直接加热，达到规定温度600℃的加热时间短，对降低发动机刚刚起动后碳氢化合物的排放量十分有利。

（2）工作原理。

二氧化钛半导体材料的电阻具有随氧离子浓度变化而变化的特性，因此，氧化钛式氧传感器的信号源相当于一个可变电阻。

当发动机的可燃混合气浓时，燃烧不完全，排气中氧剩余很少，传感元件周围的氧离子浓度较小，二氧化钛呈高阻状态，输出高电平。与此同时，在铂的催化作用下，剩余氧离子与排气中的一氧化碳产生化学反应，生成二氧化碳，将排气中的一氧化碳进一步消耗，从而大大提高传感器的灵敏度。

当发动机的可燃混合气稀时，排气中的氧离子较多，传感元件周围的氧离子浓度较大，二氧化钛呈低阻状态，输出低电平。可见，氧化钛传感器的电阻将在混合气空燃比等于1时产生突变。当给氧传感器施加稳定的电压时，在其输出端便可得到一个交替变化的信号。该稳定电压一般由ECU内部的稳定电源提供。

氧化钛式氧传感器工作必须满足以下条件：

①发动机温度高于60℃。

②氧传感器自身温度高于600℃。

③发动机工作在怠速工况和部分负荷工况下。

因此，设计、制作氧化钛式氧传感器时，应将其安装在温度较高的排气管上，同时采用直接加热方式，使氧化钛传感器元件的温度迅速达到工作温度，投入工作。

二、任务实施

（一）工量具、设备及材料准备

电控点火系统检测所需工量具、设备及材料如表4-1所示。

表4-1 工量具、设备及材料准备

资料及工量具名称	数量	是否准备	
丰田8A发动机台架或整车	一台	是□	否□
数字式万用表	一个	是□	否□
常用工具	一套	是□	否□
三角木	四个	是□	否□
翼子板布、前罩	一套	是□	否□
试灯	一个	是□	否□

学习任务4

资料及工量具名称	数量	是否准备	
绝缘胶布	一圈	是□	否□
拆装通用工具	一套	是□	否□
铜丝刷	一把	是□	否□
汽油	若干	是□	否□
化油器清洗剂	一瓶	是□	否□
干净的抹布	一块	是□	否□
维修手册等资料	一套	是□	否□

(二) 氧传感器的检测 (丰田 8A-FE 发动机氧传感器)

1. 丰田 8A-FE 发动机氧传感器的安装位置

图 4-8   丰田 8A-FE 发动机氧传感器的安装位置

2. 丰田 8A-FE 发动机氧传感器的基本电路

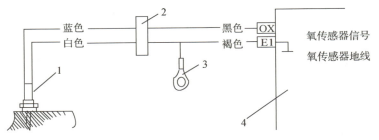

图 4-9   丰田 8A-FE 发动机氧传感器的基本电路

1—氧传感器；2—接头；3—发动机地线；4—电子控制单元

3. 氧传感器工作情况的检测

（1）将发动机在 2500r/min 的转速下运转 90s 以上，使发动机热车至正常工作温度，并将电压表的正极测笔和 8A-FE 发动机的故障诊断插座的 OX 插孔（8A-FE 发动机故障诊断插座的 E_1 插孔）连接，负极测笔和 E（8A-FE 发动机故障诊断插座的 VF 插孔）连接，如图 4-10 所示。

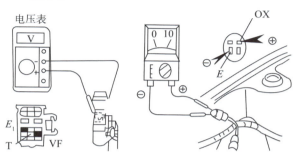

图 4-10　测试氧传感器时电压表的连接

（2）对 8A-FE 发动机，在保持发动机转速 2500r/min 的同时，用导线跨接故障诊断插座上的 T 和 E_1 插孔，然后用电压表测量。如果电压表指针在 10s 内摆动次数等于或超过 8 次，则表示氧传感器工作正常；如果电压表指针摆动次数少于 8 次，但在 0 次以上，则应拆下连接 T 和 E_1 的导线，在仍保持 2500r/min 转速的情况下，读取 E_1 和 VF 之间的电压。此电压如果在 0V 以上，则更换氧传感器；如果电压为零，则从发动机故障指示灯上读取故障代码，然后根据故障代码进一步检查并视需要修理有关组件。

三、学习评价

1. 根据已学习过的内容，独立完成下列习题：

（1）氧传感器就是用来检测排气中的＿＿＿＿＿＿＿浓度，发动机 ECU 根据氧传感器传来的电压信号，判断混合气的＿＿＿＿＿＿＿＿＿＿。然后对＿＿＿＿＿＿＿进行修正，从而使空燃比始终保持在＿＿＿＿＿＿＿＿＿附近，最终达到理想的排气净化效果。

（2）请写出下图（a）和（b）分别属于开环控制方式还是闭环控制方式。这两种控制方式有什么不同？哪种的控制效果更好？有氧传感器的电子燃油喷射控制属于哪一种控制方式呢？

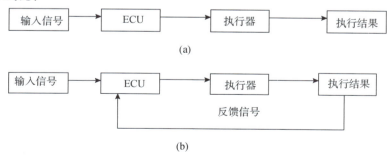

题（2）图　开环、闭环的控制示意图

（3）氧化锆式氧传感器。

①氧化锆式的氧传感器内含有一个用陶瓷型材料二氧化锆（ZrO_2）制成的元件。此元件的内侧和外侧都包着一层铂。排气管外部的_____被引导至传感器的内侧，传感器的外侧则直接与_____接触。

高温下氧气发生电离，当锆元件内部表面上的氧浓度与外部表面上的氧气浓度相差太大时，锆元件就像一个微型的蓄电池向外输出电压。

②锆元件内外表面的铂有什么作用？

③氧传感器是如何工作的？

如下图所示，当空气－燃油混合气较稀时，废气中的氧气_____。因此，传感器内、外氧气浓度的差别相对_____，传感器产生的电压_____。相反，当空气—燃油混合气较浓时，废气中的氧气_____。这时，传感器内、外侧的氧气浓度差_____，传感器就产生_____的电压（约 1V）。发动机 ECU 根据传感器输出的电压信号，来控制燃油喷射量，使燃油混合气的空燃比保持在_____附近。

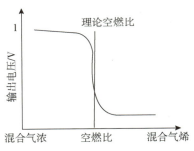

题（3）图　氧传感器的输出特性

④氧传感器的工作温度，一般要求在 400℃以上。因此，在发动机刚起动时，排气温度比较低，氧传感器不起作用，无法进行空燃比反馈。那么发动机依靠哪个传感器来判断是否可以开始进行空燃比反馈控制呢？

⑤为了保证发动机在起动后，进气量小、排气温度比较低的时候，氧传感器也能输出信号，使 ECU 尽快进行空燃比反馈控制，提高发动机的排放性能，通常采取哪些措施？

（4）氧化钛式氧传感器。

①这种氧传感器的结构与前者相似，主要是材料不同。

②氧化钛式氧传感器的_____能随着混合气体的空燃比的变化而改变。当混合气体较浓时，废气中的氧气_____，_____值变小；反之，_____值变大，如下图所示。

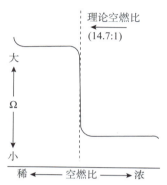

题（4）图　空燃比与氧传感器电阻的关系

③氧化钛式氧传感器向 ECU 输出的信号是电压信号。请查阅其他资料，说明当混合气稀时，它向 ECU 输出的是高电压还是低电压？

2. 实习后完成下面问题。

（1）在下表中记录车辆基本信息。

车辆型号（VIN 码）	
发动机型号	
客户投诉	汽车油耗比以前大

（2）下面哪些故障现象是氧传感器失效导致的？

□油耗过高；

□尾气排放超过国家标准；

□发动机加速无力；

□发动机怠速过高。

（3）大多数氧传感器没确定更换的周期，但当反应迟缓后应该进行更换。一般非加热型的 5 万～8 万公里更换一次，加热型的约 10 万公里更换一次。

（4）当氧传感器失效时，发动机如何控制混合气的浓度？

（5）氧传感器的外观检查。

①氧传感器的安装位置：_____。

②根据维修手册，判断传感器类型：☐氧化锆式　☐氧化钛式

③这种氧传感器有几根导线？☐1 根　☐2 根　☐3 根　☐4 根

④氧传感器外观目检：

a. 插头是否连接良好？☐是　　　☐否

b. 拔出插接器，观察是否有锈蚀、松动？☐是　　　　☐否

c. 传感器外壳是否损坏？☐是　　　☐否

故障部位	维修建议	
氧传感器插头	☐继续使用	☐更换
插接器	☐继续使用	☐更换

（6）检查氧传感器及其电路。

①利用氧传感器的阻抗特性检查氧传感器。

如下图所示，氧传感器在暖机与非暖机下的电阻值不一样。正常情况下暖机时，氧传感器的电阻约为 300kΩ；非暖机状态下，其电阻为无穷大。

氧传感器电阻检测结果：

暖机时：_____Ω；

冷态时：_____Ω。

是否正常？

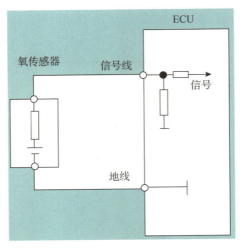

题（6）图　氧传感器的控制电路

②利用氧传感器的反馈电压检查氧传感器。

请按照流程图对氧传感器加热电阻及其电路进行检查。

a. 起动发动机后以转速为 2500r/min 运行 120s 左右，达到正常温度。

b. 改变空气—燃油混合气的浓度，检查氧传感器的反馈电压。

检测内容	标准值	测量值	是否正常
混合气稀时，氧传感器的反馈电压			
混合气浓时，氧传感器的反馈电压			

c. 如果检测到的反馈电压为负值，可能是什么原因引起的？

③采用什么方法可以使混合气变浓和变稀？

④上面两种检查方法容易实现吗？检查结果明显吗？

小提示

　　对反馈电压进行检测时，最好使用具有高内阻（内阻大于 $20M\Omega$）和低量程（一般为 $2V$）的指针型万用表。

(7) 利用示波器检测氧传感器的输出波形，检查氧传感器。

①下图显示各种常见的波形。分析对比各种波形，请说明当氧传感器工作不良时，传感器输出的波形与正常波形比较，有什么不同？（从波形频率、波形幅值等方面对比）

	正常	异常	异常	异常
1V				
0.5V				
0.4V				
0V				

题（7）图　常见信号波形分析图

②使用示波器检测氧传感器波形，并将测得的波形画在下面的表格中。

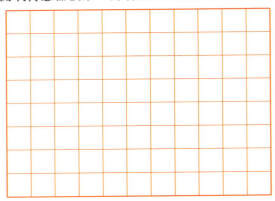

3. 完成本学习活动后，请对学习过程和结果的质量进行评价和总结，填写下列评价反馈表（表4-2）。自我评价由学习者本人填写，小组评价由组长填写，教师评价由任课教师填写。

表 4-2　评价反馈表

班级		姓名		学号		日期	年月日
学习活动名称：							
自我评价	1	能按时上、下课				□是	□否
	2	着装规范				□是	□否
	3	能独立完成课后习题				□是	□否
	4	能利用网络资源、维修手册等查找有效信息				□是	□否
	5	会正确使用工量具及设备				□是	□否
	6	能叙述氧传感器的类型、结构与原理				□是	□否
	7	会检查氧传感器工作情况				□是	□否
	8	学习效果自评等级			□优	□良	□中　□差
	9	总结与反思：					
小组评价	10	在小组讨论中能积极发言			□优	□良	□中　□差
	11	能积极配合小组成员完成工作任务			□优	□良	□中　□差
	12	在氧传感器的检修操作中的表现			□优	□良	□中　□差
	13	能够清晰表达自己的观点			□优	□良	□中　□差
	14	安全意识与规范意识			□优	□良	□中　□差
	15	遵守课堂纪律			□优	□良	□中　□差
	16	积极参与汇报展示			□优	□良	□中　□差

续表

班级		姓名		学号		日期		年月日
教师评价	17	综合评价等级： 评语： 教师签名：＿＿＿＿＿＿　　＿＿年＿＿月＿＿日						

四、学习拓展

查阅资料完成丰田卡罗拉轿车 1.6L（发动机型号为 1ZR-FE）氧传感器控制电路图，并检测出氧传感器端子名称及工作情况。

（1）氧传感器控制电路图（图 4-11）。

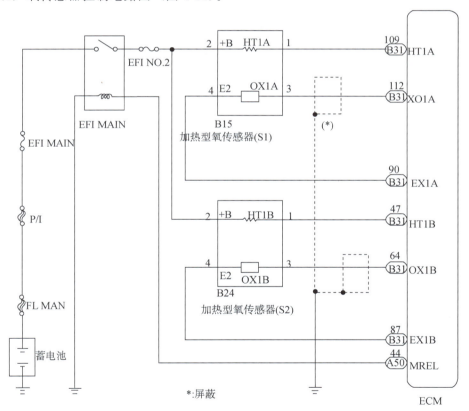

图 4-11　氧传感器控制电路图

（2）检查加热型氧传感器（加热器电阻）。

①断开加热型氧传感器连接器（图 4-12）。

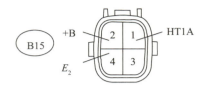

图 4-12　加热型氧传感器连接器（1）

②根据表 4-3 测量电阻。

表 4-3　测量电阻

检测仪连接	条件	规定状态	测量值
B15-1（HT1A）—B15-2（+B）	20℃（68 ℉）	5.0～10.0Ω	
B15-1（HT1A）—B15-4（E_2）	始终	10kΩ 或更大	

（3）检查加热型氧传感器（电源）。

①断开加热型氧传感器连接器（图 4-13）。

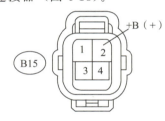

图 4-13　加热型氧传感器连接器（2）

②将点火开关置于"ON"位置。

③根据表 4-4 测量电压。

表 4-4　测量电压

检测仪连接	开关状态	规定状态	测量值
B15-2（+B）—车身搭铁	点火开关置于"ON"位置	9～14V	

（4）检查线束与连接器（加热型氧传感器-ECM）

①断开加热型氧传感器连接器（图 4-14）。

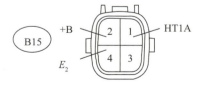

图 4-14　加热型氧传感器连接器（3）

②断开 ECU 连接器（图 4-15）。

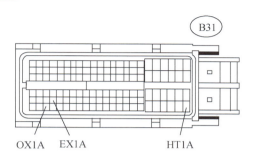

图4-15　ECU连接器

③根据表4-5、表4-6测量电阻。

表4-5　标准电阻（短路检查）（1）

检测仪连接	条件	规定状态	测量值
B15-1（HT1A）—B31-109（HT1A）	始终	小于1Ω	
B15-3（OX1A）—B31-112（OX1A）	始终	小于1Ω	
B15-4（E_2）—B31—90（EX1A）	始终	小于1Ω	

表4-6　标准电阻（短路检查）（2）

检测仪连接	条件	规定状态	测量值
B15-1（HT1A）或B31-109（HT1A）—车身搭铁	始终	小于1Ω	
B15-3（OX1A）或B31-112（OX1A）—车身搭铁	始终	小于1Ω	
B15-4（E_2）或B31-90（EX1A）—车身搭铁	始终	小于1Ω	

实训作业工单

实训班级		维修班组	
组员			
整车型号		车辆识别代码	
发动机型号		行驶里程	
步骤	作业记录内容		任务完成情况
一、前期准备	按6S标准进行工具、工位准备		□任务完成

实训班级			维修班组	
二、安全检查	举升机的安全检查、尾气排污装置及发动机外部检查等			☐任务完成
三、检测传感器	①检查氧传感器线束是否松动			☐任务完成
	②判断该传感器类型			☐氧化锆式 ☐氧化钛式
	③氧传感器有几根导线？			☐1根 ☐2根 ☐3根 ☐4根
	④氧传感器电阻检测结果： 暖机时：_____Ω； 冷态时：_____Ω。 判断：电阻是否正常？			☐是 ☐否
	⑤混合气稀时，氧传感器的反馈电压为_____V； 混合气浓时，氧传感器的反馈电压为_____V。 判断：电压是否正常？			☐是 ☐否
	⑥正确安装结束插头			☐任务完成
四、竣工检验	①故障是否排除？			☐是 ☐否
	②设备器材、工量具、场地等是否整理、清洁？			☐是 ☐否

工单记录员：_____ 维修技师：_____ 质检员：_____

教学活动 2　三元催化转化器的检查

一、信息收集

引导问题 1　三元催化转化器是什么？

　　三元催化转化器（Three-way Catalytic Converter，TWC），是对发动机排气管排出的废气进行净化的装置，是一种机外净化技术。汽油机中有害气体的产生与燃料燃烧过程是密不可分的，其中对人类最有影响的主要有一氧化碳（CO）、碳氢化合物（HC）和氮氧化合物（NO_x）三种污染物，而三元催化转化器主要作用是将尾气中的三种有害气体经过氧化反应和还原反应变成为无害气体。三元催化转化器的催化剂本身并不发生化学反应，它的作用是加快有害物质的化学反应速度。

在我国，汽油车用三元催化转化器得到很好的应用。三元催化器与电控发动机良好匹配的催化器的稳态转化效率在 90％ 以上，实际装车的运行寿命在 8 万公里以上，作为降低废气排放的有效措施。但从现在使用来看，三元催化转化器存在着转化效率低和使用不稳定及耐久性差的缺点。为了使三元催化转化器有更可靠、更有效的工作状态，必须首先重视它的使用检测。

1. 汽车排气系统的结构

如图 4-16 所示，汽车排气系统由排气管、催化转化器、消音器和排气尾管等组成。有些发动机除主催化转化器外，还有一个小催化转化器，它安装在紧靠排气歧管的地方，目的是让三催化转化器迅速加热，从而减少暖车期间一氧化碳（CO）和碳氢化合物（HC）的排放。

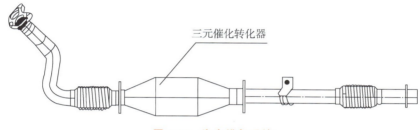

图 4-16　汽车排气系统

2. 三元催化转化器的结构

三元催化转化器主要由壳体、载体、涂层和垫层四部分组成（如图 4-17 所示）。其中整体式蜂窝状陶瓷载体型的催化剂通常是指催化活性组分和水洗涂层合称，它是整个催化转化器的核心部分，决定着催化转化器的主要性能指标。催化转换器有氧化、还原和三元三种，应用最多的是三元催化转化器，内有铂、铑合金等稀有金属元素。三元催化剂沉积在颗粒状多孔性载体上，制作成蜂窝状，串联安装在排气系统中。

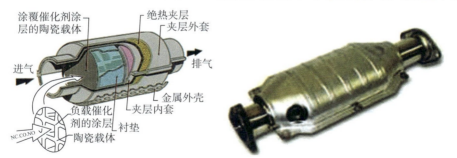

图 4-17　三元催化转化器的结构

3. 三元催化转化器的作用

三元催化转化器是对发动机排气管排出的废气进行净化的装置，是汽车应用最多和最为有效的一种机外净化技术装置。它利用安装在发动机排气管中的三效催化器，即以铂、钯、铑三种贵金属为催化剂的催化转换器，通过氧化还原反应，将汽车排气中的一氧化碳（CO）、碳氢化合物（HC）和氮氧化合物（NO_x）同时转化成无害的二氧化碳（CO_2）、氮气（N_2）、水（H_2O）的技术。在一定条件下，对污染物转化效率可达95％以上。但只有当空燃混合比在14.7的狭窄范围内时，才能进行完全催化反应。

4. 影响三元催化转化器正常工作的因素

三元催化转化器的使用条件相当严格。首先，如果汽油或润滑油添加剂选用不当，使用了含铅的燃油添加剂或硫、磷、锌含量超标的机油添加剂，就会使磷、铅等物质覆盖于三元催化转化器的催化层表面，阻止废气中有害成分与之接触而失去催化作用，这就是人们常说的三元催化转化器"中毒"。

其次，仅当温度为400℃～800℃时，三元催化转化器才起催化反应。温度较低时，转化器的转化效率急剧下降。汽车长时间在短距离低温下行驶，会造成燃油不完全燃烧，使三元催化转换器污染和堵塞，造成排气受阻，排放污染增加，发动机功率降低及油耗增加。因此，催化转化器都安装在温度较高的排气歧管后面。

最后，空燃比只有等于理论混合比14.7时，转化效率才是最高的。所以必须将装有三元催化转化器的发动机供给理论混合比的混合气，才能保证三元催化转化器有较好的效果。如果混合气成分不是理论混合比，那么一氧化碳（CO）、碳氢化合物（HC）的氧化反应或氮氧化合物（NO_x）的还原反应不可能进行得很完全。另外，发动机调节不当，如混合气过浓或气缸缺火，都将引起转化器严重过热。

5. 三元催化转化器使用的注意事项

如果使用得当，从新车到报废，三元催化转化器很少需要更换。催化器不能正常使用或早期损坏等，驾车人的操作、日常维护保养有很大关系。在使用中尽量延长三元催化转化器的使用寿命，主要有以下几个方面。

（1）不能使用含铅汽油。

使用含铅汽油在燃烧后的铅颗粒随废气经过三元催化反应器时，覆盖了活性催化剂的表面。使铅化物堵塞蜂窝状载体，导致催化剂作用减少，从而大大降低催化剂的转换效率。废气中的残留燃油也能毒害催化剂。一般来说，使用含铅汽油，行驶1万公里，三元催化转化器即失效。一旦"铅中毒"，则车辆尾气检测显示不合格，需更换转换器。因此，必须使用无铅汽油。

（2）避免未燃烧的混合气体进入催化转化器。

有人习惯在起动发动机时，先"加"几脚油。不易起动时还要多"加油"，这样做很容易造成催化转化器失效。若混合气燃烧不完全，会有少量未燃烧的混合气体附在催化转化器上，加速催化转化器失效。现代电控燃油喷射发电机，其可燃混合气的空燃比和点火时间都是由电脑控制的，起动发动机时不需要"加油"。

（3）避免排气温度过高。

正常情况下排气管废气温度为400℃～800℃。当未燃尽的可燃混合气在排气管继续燃烧时，排气管内发出突突声或放炮现象，严重时还会使排气管烧红，温度达到1400℃以上。产生这种现象的主要原因有以下几点：

①点火时间过迟，使大部分混合气的燃烧延长到膨胀过程中进行，部分混合气来不及燃烧，就从排气门排出，在排气管中燃烧，从而产生放炮现象。

②由于混合气过浓，燃烧不完全，混合气在排气管中被高温废气引燃发出"突突"声或放炮现象。

③火花塞火花太弱或个别缸工作不良，使混合气不能充分燃烧而进入排气管中，再次燃烧而发生放炮声。发动机温度过高或过低都不利于催化转化器发挥最有效的作用，保持发动机最佳工作温度是保证催化转化器最佳工作温度的有效措施。

（4）避免发动机长时间怠速运转。

发动机怠速运转时，混合气较浓且燃烧不完全，含有少量未燃烧的混合气附在催化转化器上，加速催化失效。另外，个别缸失火不工作及混合气过浓等故障都可能使三元催化转化器早期损坏，应及时进行检修、调整。

（5）定期检查发动机。

发动机状况要定期检查，尤其是要保证点火系统工作的可靠性，定期检查火花塞，如捷达、宝来轿车每隔15000公里需检查或更换火花塞。要用专用诊断仪诊断发动机有无故障，如有故障，应及时排除，保证发动机处于良好的技术状态。

（6）定期检查氧传感器。

为了保证三元催化转化器正常工作，把污染物（一氧化碳、碳氢化合物和氮氧化合物）减少到最小程度，在现代电控燃油喷射系统，汽车的三元催化转化器附近加装了氧传感器，以检测尾气中氧的含量。当排气中出现氧时，传感器输出数值传回电脑（ECU），自动修正混合气成分，以此控制空燃比。也就是说，电脑对发动机进气、进油和排放实施整个过程进行监控，形象地说就是"闭环控制"，从而保证了三元催化转化器处于最佳工作状态。此外，还要保证水温传感器正常工作，它与氧传感器同时提供修正信号。如果氧传感器和水温传感器有损坏，就要及时更换。

（7）定期检查三元催化转化器，防止行驶中的"托低"。

由于三元催化转化器安装在排气管内，离地面很近，若排气管剐蹭地面或碰到石头等硬物，其内部的蜂窝陶瓷质催化剂载体受到挤压、碰撞后很容易碎裂，堵塞排气管，影响发动机的动力。

引导问题2　废气再循环系统的作用是什么？

废气再循环系统（Exhaust Gas Recirculation，EGR）主要是为了将适量的废气重新引入气缸参加燃烧，从而降低气缸内的最高温度，以减少氮氧化合物的排放量，解决氮氧化合物的污染问题。

再循环废气由于具有惰性将会延缓燃烧过程，也就是说，燃烧速度将会放慢，从而导致燃烧室中的压力形成过程放慢，这就是氮氧化合物会减少的主要原因。另外，提高废气再循环率会使总的废气流量减少，因此，废气排放中总的污染物输出量将会相对减少。EGR 系统的任务就是使废气的再循环量在每一个工作点都达到最佳状况，从而使燃烧过程始终处于最理想的情况，最终保证排放物中的污染成份最低。

1. 开环控制 EGR 系统

（1）结构（图 4-18）。

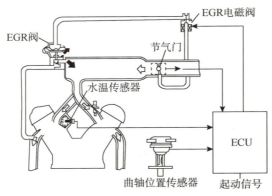

图 4-18　开环控制 EGR 系统

（2）工作原理。

发动机工作时，ECU 根据冷却液温度、节气门开度、转速、起动等信号控制 EGR 电磁阀的搭铁电路来控制 EGR 电磁阀的开度，从而控制进入 EGR 阀的真空度，即控制 EGR 阀的开度，改变参与再循环的废气量。

不进行废气再循环的工况有起动工况、怠速工况、暖机工况、转速低于 900r/min 或高于 3200r/min。

EGR 率指废气再循环量在进入气缸内气体中所占的比率，即 EGR 率＝［EGR 量/（进气量＋EGR 量）］×100％。

有些发动机中，EGR 电磁阀采用占空比控制电磁阀的开度，调节作用在 EGR 阀上的真空度，控制 EGR 阀的开度，以实现对废气再循环量的控制。

在开环控制 EGR 系统中，ECU 根据各传感器信号确定发动机工况，并按其内存的 EGR 率与转速、负荷的对应关系进行控制，而对其控制结果不进行检测。

2. 闭环控制 EGR 系统

在闭环控制的 EGR 系统中，检测实际的 EGR 阀开度作为反馈控制信号，其控制精度更高。

（1）用 EGR 阀开度作为反馈信号的闭环控制 EGR 系统（图 4-19）。

EGR 阀开度传感器向 ECU 反馈电磁阀开度的信号。ECU 根据此信号修正电磁阀开度，使 EGR 率保持在最佳值。其结构为电计式。

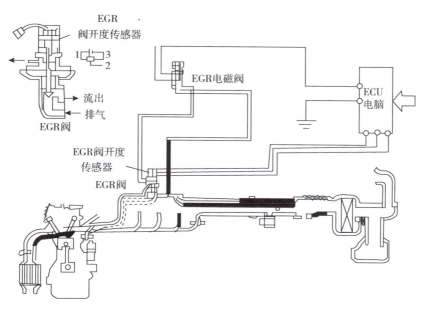

图 4-19　用 EGR 阀开度反馈控制的 EGR 系统

（2）用 EGR 率作为反馈信号的闭环控制 EGR 系统（图 4-20）。

EGR 率传感器安装在进气总管中的稳压箱上，新鲜空气进入稳压箱，参与再循环的废气经 EGR 电磁阀也进入稳压箱。传感器检测稳压箱内气体中的氧浓度并转换成电信号输送给 ECU，ECU 根据此信号修正电磁阀开度，使 EGR 率保持在最佳值。

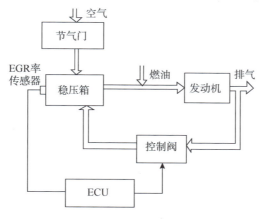

图 4-20　用 EGR 率反馈控制的 EGR 系统

二、任务实施

（一）工量具、设备及材料准备

电控点火系统检测所需工量具、设备及材料如表 4-3 所示。

表 4-3　工量具、设备及材料准备

资料及工量具名称	数量	是否准备	
丰田 8A 发动机台架或整车	一台	是□	否□
数字式万用表	一个	是□	否□
常用工具	一套	是□	否□
三角木	四个	是□	否□
翼子板布、前罩	一套	是□	否□
试灯	一个	是□	否□
绝缘胶布	一圈	是□	否□
化油器清洗剂	一瓶	是□	否□
干净的抹布	一块	是□	否□
维修手册等资料	一套	是□	否□

（二）三元催化转化器的检测

在正常情况下，汽车行驶 5 万公里以后，就要定期检查三元催化转化器是否损坏。如果损坏，就要更换。检测方法有以下几种。

1. 外观检查

（1）将车辆升起，观察三元催化转化器壳体表面是否有凹陷，如有明显的凹痕和剐痕，说明其载体可能受到损伤，则应更换。

（2）观察三元催化转化器外壳上是否有严重的褪色斑点或略有青色和紫色的痕迹，如有，则说明其载体曾处于过热状态，需对发动机做进一步检查。

（3）检查外表面是否有裂纹，与排气管的连接是否牢固，各段管道是否有泄漏，如有上述情况，应及时处理。外观检查简单有效，可以快速查出三元催化转化器的机械故障。

（4）用手电筒检查三元催化转化器排气口无被积炭脏堵（不允许使用含铅汽油）。轻轻摇动催化转化器，如能听到物体移动的声音，说明其内部载体破碎，需要更换整个总成。

（5）如有堵塞、熔化或其他形式的损坏，都应更换转化器。

2. 功能测试

（1）拆下三元催化转化器前端的氧传感器，在排气管上连接一个压力表，起动发动机，在正常工作温度下发动机怠速运转（650～850r/min）时，压力表读数不应超过86kPa；把发动机转速提高到 2000r/min 时，压力表的读数不应超出 20.7kPa。

如果排气背压不超过规定的限值，表明排气系统没有被阻塞。如果排气背压超过规定的限值，可将三元催化转化器后端的排气系统拆掉，再重复以上的试验，如果三元催化转化器阻塞，排气背压仍将超过规定值；如果排气背压下降，则说明消声器或三元催化转化器下游的排气系统阻塞，可能是破碎的催化剂载体滞留在下游排气管道中。检查催化剂载体是否完整，逐段检查排气管、消声器是否有堵塞现象。

（2）三元催化转化器在正常工作状态下，由于氧化反应产生大量的反应热，因此，可以通过温差对比来判断三元催化转化器性能的好坏。

将发动机转速维持在 2500r/min 左右，在催化转化器的废气入口处和出口处分别接一支表面温度接头，测量温度（测量时应尽量靠近三元催化转化器，距离在 50mm 以内）。

出口温度应至少高于进口温度的 10%～15%，技术状态良好的发动机的温差可以达到 20%～25%。

如果车辆在主催化转化器之前还安装了副催化转化器，则主催化转化器的出口温度应高于进口温度的 15%～20%。如果温差低于上述范围，说明三元催化转化器工作不正常，需要更换；如果温差超过上述范围，则说明废气中含有异常高浓度的一氧化碳（CO）、碳氢化合物（HC），需要对发动机本身做进一步的检查。

（三）废气再循环控制系统的检测

废气再循环控制系统工作不良会造成发动机排气污染增加、功率下降、怠速运转不稳定，甚至熄火。

1. 废气再循环控制系统的初步检查

对于废气再循环控制系统，应首先检查其真空软管有无破损，接头处有无松动、漏气等；若无，再做进一步检查。

2. 废气再循环控制系统的就车检查

废气再循环控制系统的就车检查可按以下步骤进行：

（1）起动发动机，使发动机怠速运转。

（2）将手指按在废气再循环阀上（图 4-21），检查废气再循环阀有无动作。

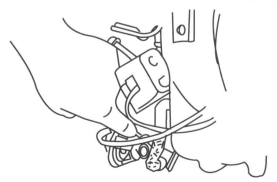

图 4-21　废气再循环控制系统的就车检查

（3）在冷车状态下踩下加速踏板，使发动机转速上升至 2000r/min 左右，此时手指上应感觉不到废气再循环阀膜片动作（废气再循环阀不工作）。

（4）在发动机热车（水温高于50℃）后再踩下加速踏板，使发动机转速上升至2000r/min左右，此时手指应能感觉到废气再循环阀膜片的动作（废气再循环阀开启）。

若废气再循环阀不能按上述规律动作，则废气再循环控制系统工作不正常，应检查该系统的各零部件。

3. 废气再循环控制电磁阀的检查

废气再循环控制电磁阀按下述步骤检查：

（1）将点火开关置于"OFF"位置，拔下废气再循环控制电磁阀线束连接器，用万用表欧姆挡测量电磁阀电磁线圈的电阻，其电阻值应符合规定（一般为20～500Ω）。否则，应更换废气再循环控制电磁阀。

（2）拔下与废气再循环控制电磁阀相连的各真空软管，从发动机上拆下废气再循环控制电磁阀。

（3）在废气再循环控制电磁阀的电磁线圈不接电源时检查各管口之间是否通气。此时，电磁阀上的管接口A与B、A与C之间应不通气，但管接口B与C之间应通气，如图4-22（a）所示；否则，废气再循环控制电磁阀损坏，应更换。

（4）给废气再循环控制电磁阀线圈接上电源，如图4-22（b）所示。此时，电磁阀管接口A与B之间应通气，而管接口A与C、B与C之间应不通气；否则，废气再循环控制电磁阀损坏，应更换。

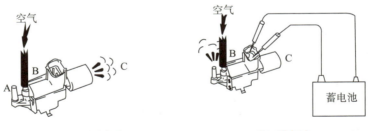

（a）不通电时　　　　　　　　　　　　（b）通电时

图4-22　废气再循环控制电磁阀的检查

4. 废气再循环阀的检查

废气再循环阀的检查步骤如下：

（1）起动发动机，使发动机怠速运转。

（2）拔下连接废气再循环阀与废气调整阀的真空软管。

（3）用手动真空泵对废气再循环阀真空室施加19.95kPa的真空度（图4-23）。若此时发动机怠速运转情况变坏甚至熄火，说明废气再循环阀工作正常；若发动机运转情况无变化，则废气再循环阀损坏，应更换。

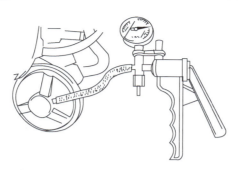

图 4-23　废气再循环阀检查

（4）对设有位置传感器的废气再循环阀，可在发动机停机情况下拔下废气再循环阀位置传感器的导线连接器，用万用表欧姆挡测量连接器端子 B 与 C 间的电阻，其电阻值应符合规定。然后，拔下连接废气再循环阀与废气调整阀的真空软管，并在用手动真空泵对废气再循环阀真空室施加真空的同时，用万用表欧姆挡测量废气再循环阀位置传感器连接器端子 A 与 C 之间的电阻值。电阻值应随着真空度的增大而连续增大，不允许有间断现象（电阻值突然变为 ∞ 后又回落）。否则，废气再循环阀损坏，应更换。

5. 废气调整阀的检查

废气调整阀的检查步骤如下：

（1）起动发动机，并将其预热至正常工作温度。

（2）拔下连接废气调整阀与废气再循环阀的真空软管，用手指按住真空管接口［图 4-24（a）］，然后检查管接口内是否有真空吸力。在发动机怠速运转时，管接口内应无真空吸力；当踩下加速踏板使发动机转速上升至 2000r/min 左右时，管接口内应有真空吸力。如废气调整阀的状态与上述情况不符，则废气调整阀工作不正常，应拆下做进一步检查。

（3）拆下废气调整阀，在连接废气再循环控制电磁阀的接口处接上手动真空泵，再用手指堵住连接废气再循环阀真空管的接口［图 4-24（b）］。

（a）就车检查

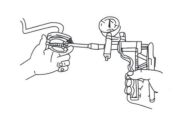

（b）单件检查

图 4-24　废气调整阀检查

（4）向连接排气管的管接口内泵入空气，与此同时，用手动真空泵向废气再循环控制电磁阀的接口内抽真空。此时，在连接废气再循环阀真空软管的管接口处应能感到有真空吸力。在停止抽真空后，真空吸力应能保持住，无明显下降。释放连接排气管的管接口内的压力后，真空吸力也应随之消失。如废气调整阀的状态与所述情况不符，应更换。

三、学习评价

1. 根据已学习过的内容，独立完成下列习题：

(1) 汽车排放主要包括_____、_____和_____。

(2) 尾气中的有害成分有_____、_____和_____。

(3) 三元催化转化器是把排气中的有害物质_____、_____和_____经过化学反应转化为无害的_____、_____和_____。

(4) 三元催化转化器的净化率随温度变化。催化器温度达到_____℃以上时，净化率接近100%，废气将得到有效净化。

(5) 三元催化转化器损坏后将造成因_____和_____等故障。

(6) 废气再循环系统的目的是抑制_____的产生。

(7) 用手动真空泵检查废气再循环阀的开闭情况，应施加_____kPa的压缩空气。

2. 根据实习完成下面问题。

(1) 从排气管上拆下三元催化转化器，用手电筒沿轴向照射三元催化转化器，检查者在三元催化转化器的另一端检查有无堵塞、化或开裂：_____。

(2) 用橡皮槌轻轻敲打三元催化转化器，听有无"咔啦"声，并伴随有散碎物体落下：_____。

(3) 测量三元催化转化器出口管道和进口管道温度，其出口管道温度比进口管道温度至少高出38℃，在怠速时，其温度也相差10%：_____。

(4) 检查EGR系统的真空软管有无破损，接头处有无松动、漏气：_____。

(5) 测量EGR电磁阀的电阻：_____。检查EGR电磁阀供电电压：_____。

(6) 发动机怠速运转，拔下真空软管，用手动真空泵对EGR阀施加19.95kPa的真空度，观察怠速的运转情况：_____。

(7) 用手动真空泵对EGR阀施加真空，用万用表检查EGR阀位置传感器电阻变化情况：_____。

3. 完成本学习活动后，请对学习过程和结果的质量进行评价和总结，填写下列评价反馈表（表4-4）。自我评价由学习者本人填写，小组评价由组长填写，教师评价由任课教师填写。

表 4-4　评价反馈表

班级		姓名		学号		日期		年月日			
学习活动名称：											
自我评价	1	能按时上、下课						□是	□否		
	2	着装规范						□是	□否		
	3	能独立完成课后习题						□是	□否		
	4	能利用网络资源、维修手册等查找有效信息						□是	□否		
	5	会正确使用工量具及设备						□是	□否		
	6	能叙述三元催化转化器、废气再循环系统的结构与原理						□是	□否		
	7	会检查三元催化转化器、废气再循环系统工作情况						□是	□否		
	8	学习效果自评等级					□优	□良	□中	□差	
	9	总结与反思：									
小组评价	10	在小组讨论中能积极发言					□优	□良	□中	□差	
	11	能积极配合小组成员完成工作任务					□优	□良	□中	□差	
	12	在三元催化转化器、废气再循环系统的检修操作中的表现					□优	□良	□中	□差	
	13	能够清晰表达自己的观点					□优	□良	□中	□差	
	14	安全意识与规范意识					□优	□良	□中	□差	
	15	遵守课堂纪律					□优	□良	□中	□差	
	16	积极参与汇报展示					□优	□良	□中	□差	
教师评价	17	综合评价等级： 评语： 　　　　教师签名：_____　　___年___月___日									

四、学习拓展

查阅资料完成丰田卡罗拉轿车 1.6L（装备 1ZR-FE 发动机），完成该车的三元催化转化器的性能检测，并检测前、后氧传感器的信号波形。

实训作业工单

实训班级		维修班组	
组员			
整车型号		车辆识别代码	
发动机型号		行驶里程	

步骤	作业记录内容	任务完成情况
一、前期准备	按 6S 标准进行工具、工位准备	□任务完成
二、安全检查	举升机的安全检查、尾气排污装置及发动机外部检查等	□任务完成
三、检测三元催化转化器	①检查三元催化转化器壳体表面是否有凹陷	□任务完成
	②检查三元催化转化器外壳上是否有严重的褪色斑点或略有青色和紫色的痕迹	□任务完成
	③检查三元催化转化器与排气管的连接是否牢固，各段管道是否有泄漏	□任务完成
	④检查三元催化转化器排气口是否被积炭脏堵	□任务完成
	⑤排气背压检测结果：低怠速运转时，压力表读数为_____kPa 高怠速运转时，压力表读数为_____kPa 判断：排气背压是否正常？	□是　□否
	⑥发动机转速维持在 2500r/min 左右，三元催化转化器进口温度为_____℃，出口温度为_____℃ 判断：温差是否正常？	□是　□否
	⑦正确安装三元催化转化器	□任务完成
四、检测废气再循环系统	①检查 EGR 系统的真空软管有无破损，有无松动、漏气	□是　□否
	②测量 EGR 电磁阀的电阻为_____Ω 判断：电阻是否正常？	□是　□否
	③检查 EGR 电磁阀供电电压为_____V 判断：电压是否正常？	□是　□否
	④正确安装插头	
五、竣工检验	①故障是否排除？	□是　□否
	②设备器材、工量具、场地等是否整理、清洁？	□是　□否

续表

实训班级		维修班组	

工单记录员：_____　维修技师：_____　质检员：_____

学习任务五
发动机故障灯常亮检修

学习目标

完成本学习任务后，你应当能够：

（1）叙述发动机自诊断功用及工作原理。

（2）正确查找发动机故障代码，了解其基本含义。

（3）根据故障现象和查阅资料获取的信息，分析发动机故障原因，并在教师的指导下制定故障诊断方案，完成故障诊断流程图的编制。

（4）在教师的指导下，以小组合作的方式，以故障现象按照拟定的流程和规范操作的要求诊断和排除发动机的故障。

（5）在教师指导下，根据技术标准对维修车辆进行维修质量检验。

（6）对工作任务的完成情况进行正确评估和反思，制定发动机其他故障的诊断流程并实施。

建议学时

24 学时。

内容结构

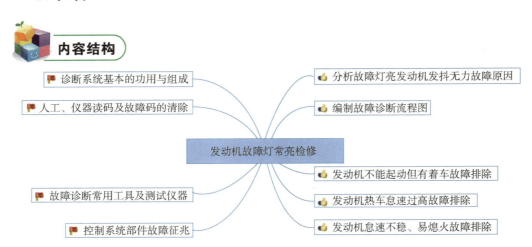

学习任务描述

　　一辆丰田威驰汽车行驶过程中故障灯亮，车身发抖、无力，伴随发动机转速很高，能闻到焦臭味，勉强开至修理厂进行诊断维修。李师傅用电脑诊断仪读取故障码时发现仪器开不了机。那李师傅会因无电脑诊断仪就无法读取故障码吗？他会用哪种方法来读取故障码和排除故障呢？若是你，会如何做呢？

教学活动 1　故障代码的读取

一、信息收集

引导问题 1　诊断系统的基本原理是怎样的？

　　电子控制系统的电子控制单元（ECU）都有自诊断系统，内部存储有监测各个控制回路的程序，监测控制系统各部分的工作状况。故障自诊断原理如图 5-1 所示。

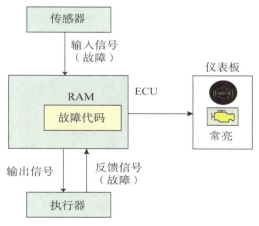

图 5-1　故障自诊断原理

　　在发动机工作时，电控单元将从各输入装置来的信号电压和已编入程序的该装置输入信号的高极限值和低极限值进行比较，如果输入信号电压不在规定的范围内，或符合另外的故障标准，则电子控制单元判定该装置所在的系统有故障发生，并将此故障以代码的形式存入电子控制单元的存储器内，同时发动机警示灯亮起。例如，某传感器输入 ECU 的信号超出正常范围，或在一定时间内 ECU 收不到该传感器信号，或该传感器输入 ECU 的信号在一定时间内不发生变化，ECU 自诊断系统就会判定该信号是故障信号，即该传感器有故障。故障信号持续出现超过一定时间或多次出现，自诊断系统即判定有故障，并将此故障以故障码的形式存入 ECU 的存储器（RAM）中，同时接通故障指示灯（闪烁）电路警告驾驶员。此外，自诊断系统还会根据故障性质，自动启动失效保护系统或应急备用系统等。

电控系统的执行元件一般只接收 ECU 的执令信号。对没有反馈信号的开环控制系统中执行元件或其电路，自诊断系统只能根据 ECU 输出的执令信号来判断。带有反馈信号的闭环控制系统（如点火控制系统、爆燃控制系统等）工作时，自诊断系统可根据反馈信号判别故障。

引导问题 2　故障代码是怎样读取的？
目前有哪两种读取方法？

故障代码即故障码，是用"数码"（数字）代表故障的系统或部件。它是将发动机在运行过程中所发生的故障存储于 ECU 的存储器中，使检修人员在检修发动机时，可以"读出"使检修人员知道故障的范围，以便进行进一步的检查、修理。不同的国家、不同的厂家，甚至相同的厂家在不同的时期所生产的车辆，其故障码有所不同，读取故障码的方法也不完全一样。在读取故障码时，应首先详细阅读所检修车型的维修手册。目前，故障代码的读取方式一般有两种：一是人工读取故障代码，二是用电脑检测仪读取故障代码。

1. 人工读取故障代码

不同车型的人工读码方法各不相同。目前，大部分车型都可以用短接诊断插座的方法读出故障代码。只要将发动机附近或仪表盘下方的故障检测插座内特定的两个插孔（故障自诊断插孔和接地插孔）用一根导线短接，再观察仪表盘上的发动机故障警告灯的闪亮规律和次数，就可读出故障代码，如图 5-2 所示。下面以丰田 8A 发动机为例，说明故障代码的读出方法。

可通过故障灯闪烁读取

丰田短接TE与E

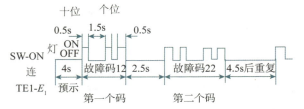
故障灯输出故障码示意图

图 5-2　丰田轿车的自诊断

（1）在读取故障代码之前，应使发动机满足以下条件：

①蓄电池电压高于 11 V。

②节气门完全关闭（节气门位置传感器内的怠速开关闭合）。

③变速器位于停车挡或空挡。

④关闭所有附属设备（如空调、音响、灯光等）。

（2）读取故障码的操作方法。

①将发动机熄火，关闭点火开关。

②打开位于发动机附近的故障检测插座罩盖，依照罩盖内所注明的各插孔的名称，用专用短接导线将 TE（发动机故障检测）和 E_1（接地）两插孔相连接。

③打开点火开关（位于"ON"位置），不起动发动机。

④根据发动机系统故障警告灯的闪亮规律读出故障代码。如果系统正常，ECU 内没有故障代码，则故障警告灯以每秒 5 次的频率连续闪烁。如果 ECU 中存有故障代码，则故障警告灯以 0.5s/次的频率闪烁。通过故障警告灯闪烁次数将故障代码的十位数和个位数依次表示出来。例如，ECU 中存在故障代码为 23 时，故障警告灯先以 0.5 s/次的频率闪烁 2 次，表示故障代码的十位数为 2；然后间隔 1.5 s，再以 0.5 s/次的频率闪烁 3 次，表示故障代码的个位数为 3。

若 ECU 内存在几个故障代码，ECU 按故障代码大小顺序依次将储存的故障代码显示出来，相邻两个故障代码之间的停顿时间较长，一般为 2.5 s。所有故障代码全部显示完后停顿 4.5 s，再重新开始显示，如此循环反复，直到拔下检测插座上连接导线为止。也有某些车型的故障警告灯以不同频率的闪烁次数来表示故障代码的不同位数，有的以较慢频率的闪烁显示故障代码的十位数，有的以较快频率的闪烁显示故障代码的个位数。

⑤读取所有的故障代码后，从检测插座上拔下连接导线，盖好罩盖，关闭点火开关。

2. 用电脑检测仪读取故障代码

电脑检测仪能将储存在电控装置控制系统电脑中的故障代码读出，并显示故障代码的含义，检修人员可以此为依据查找故障原因。当电控装置控制系统的故障排除后，检修人员可通过电脑检测仪将储存在电控装置控制系统电脑中的故障代码清除，如图 5-3 所示。

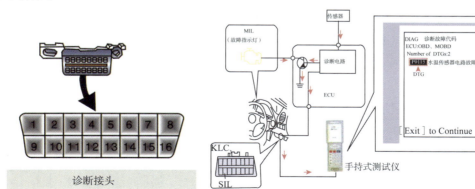

图 5-3　用电脑检测仪读取故障代码

（1）OBD-Ⅱ诊断系统的端子功能如表 5-1 所示。

表 5-1　OBD-Ⅱ诊断系统的端子功能

端子	功能	端子	功能
1	生产厂家自行设定	8	生产厂家自行设定
2	总线正极（BUS＋），SAE J1850	9	生产厂家自行设定
3	生产厂家自行设定	10	总线负极（BUS－），SAE J1850
4	底盘接地	11-14	生产厂家自行设定
5	信号接地	15	L 线，ISO-9141
6	生产厂家自行设定	16	蓄电池正极
7	K 线，ISO-9141		

（2）OBD-Ⅱ故障代码的含义。

OBD-Ⅱ故障代码由 5 个数字组成，每个数字都代表了不同的含义，如图 5-4 所示。

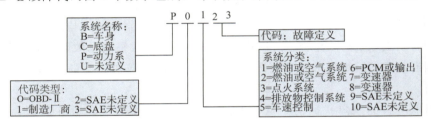

图 5-4　故障代码的含义

引导问题 3　故障码代码是用怎样的方法清除的？

当故障代码所指示的故障被排除之后，需清除该故障代码。一般而言，断开通往发动机控制系统的电源线或熔丝，就可清除 ECU 控制系统存储的故障代码。但采用拆除蓄电池负极的方法清除故障代码，将会使时钟和音响受影响，甚至会损坏控制单元ECU。最好是将 EFI（15A）熔丝拔掉 30s［图 5-5（a）］。

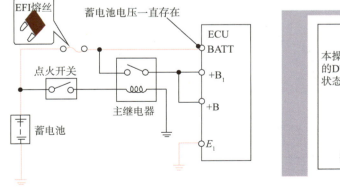

（a）人工清除

（b）采用电脑检测仪清除

图 5-5　清除故障代码

清除故障代码最好按维修手册指示的方法进行，或采用电脑检测仪来清除［图5-5（b）］。不可随意断开蓄电池的负极电源线，因为切断发动机ECU的常供电源，会同时清除发动机ECU内存内的其他状态测试数据。

> **小提示**
>
> 　　手持式测试仪可与发动机ECU通信，除了输出及清除故障代码外，还可进行以下操作：
>
> （1）检查定格数据。
>
> （2）检查发动机ECU所监测的数据。
>
> （3）实施主动测试，强制驱动执行器。

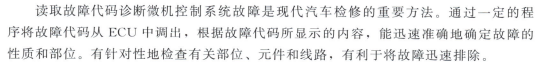

引导问题4　故障代码代表的含义是什么？

　　读取故障代码诊断微机控制系统故障是现代汽车检修的重要方法。通过一定的程序将故障代码从ECU中调出，根据故障代码所显示的内容，能迅速准确地确定故障的性质和部位。有针对性地检查有关部位、元件和线路，有利于将故障迅速排除。

　　各个汽车公司的汽车电子控制系统存储的故障代码定义不尽相同，需要从相应的维修手册中查询。表5-2为日本丰田车系电子燃油喷射系统故障代码的含义。

表5-2　日本丰田车系电子燃油喷射系统故障代码的含义

故障代码	故障内容	故障原因、检查部位
11	电脑电源瞬间中断	主继电器接触不良
12	启动时无转速（Ne）信号（2s以上）；低速时3s以上ECU未收到G信号	①Ne或G信号传感器配线短路或断路；②Ne或G信号传感器故障；③STA信号线短路或断路；④ECU故障
13	高速时（1500r/min以上）0.3s以上ECU未收到Ne信号；低速时ECU取得4次Ne信号但未收到G信号	①Ne或G信号传感器配线短路或断路；②Ne或G信号传感器故障；③线路接头松动或接触不良；④ECU故障
14	无IGT或IGF点火控制信号	①IGT或IGF信号配线短路或断路；②点火控制器故障；③ECU故障
15	第二组点火控制系统无IGT或IGF点火控制信号	
17	1♯（左）凸轮轴位置传感器信号不良	①传感器配线短路或断路；②传感器故障；③ECU故障
18	2♯（左）凸轮轴位置传感器信号不良	
21	1♯氧传感器信号不良（传感器输出电压在0.35V以下或0.7V以上超过60s无变化）	①氧传感器配线故障；②氧传感器故障
28	2♯氧传感器信号不良	

续表5-2

故障代码	故障内容	故障原因、检查部位
22	水温传感器信号不良，ECU 在 0.5s 以上未取得水温信号	①水温传感器配线短路或断路；②水温传感器故障；③ECU 故障
24	进气温度传感器信号不良，ECU 在 0.5s 以上未取得水温信号。	①进气温度传感器配线短路或断路；②进气温度传感器故障；③ECU 故障。
25	混合气过稀、空燃比过大；氧传感器输出电压低于 0.45V 时间超过 90s	①主氧传感器配线短路或断路；②主氧传感器故障；③El 断路；④水温传感器故障；⑤ECU 故障；⑥喷油器卡死或线圈断路；⑦MAP 或 MAF 传感器工作不良
26	混合气过浓、空燃比过小；发动机怠速运转水温在 80℃以上；空燃比变化超过 15％的时间在 10s 以上	①喷油压力过高；②喷油器漏油或滴油；③正时皮带跳齿，配气正时错乱；④压缩压力过低；⑤ECU 故障
31	进气压力 MAP 传感器信号不良；空气流量计 MAF 信号不良；怠速运转时 ECU 有间歇 0.5s 以上未接收到 MAP 信号或 MAF 信号。	①传感器标准电压 V（5±0.5V）失常；②MAP 信号或 MAF 信号传感器故障；③PIM 或 VS 信号失常；④ECU 故障
32	空气流量计信号不良	①MAF 的 F_2 断路；②MAF 的 U 与 VC 之间短路
34	涡轮增压压力信号不良	①压力传感器故障；②压力传感器配线故障；③MAF 的 F_2 断路；④MAF 的 VS 与 V 之间短路
35	进气压力传感器不良	
41	节气门位置传感器断路或短路 0.5s 以上	①节气门位置传感器配线断路或短路；②节气门位置传感器故障；③ECU 故障
42	车速传感器信号不良	①车速传感器配线短路或断路；②车速传感器故障；③P/N 开关不良；④仪表板故障；⑤ECU 故障
43	启动信号不良	①STA 线路短路或断路；②点火开关或启动电路故障；③ECU 故障
51	A/C、PAN 开关信号不良	①A/C 开关不良；②TPS 的 IDL 接点未接合；③P/N 开关不良；④ECU 故障
52	爆燃传感器信号不良	①爆燃传感器配线故障；②爆燃传感器故障；③爆燃传感器安装不当，过紧或过松；④点火正时不对；⑤发电机、压缩机等固定不紧；⑥气门间隙过大，轴承间隙过大；⑦ECU 故障
53	ECU 检测爆燃传感器信号无法处理	ECU 故障

续表5-2

故障代码	故障内容	故障原因、检查部位
54	涡轮增压器冷却水温传感器信不良	①冷却水温传感器配线故障；②冷却水温传感器故障；③ECU故障
71	EGR系统工作不良	①EGR真空电磁阀配线故障；②EGR真空电磁阀故障；③EGR排气温度传感器故障；④ECU故障
78	燃油泵控制信号不良	①燃油泵ECU线路故障；②燃油泵ECU故障；③ECU电源电路故障；④燃油泵故障；⑤ECU故障

二、任务实施

（一）工量具、设备及材料准备

故障码读取所需工量具、设备及材料如表5-3所示。

表5-3　工量具、设备及材料准备

资料及工量具名称	数量	是否准备	
丰田8A发动机台架或整车	一台	是□	否□
数字式万用表	一个	是□	否□
常用工具	一套	是□	否□
三角木	四个	是□	否□
翼子板布、前罩	一套	是□	否□
试灯	一个	是□	否□
绝缘胶布	一圈	是□	否□
专用短接导线	一根	是□	否□
汽油	若干	是□	否□
维修手册等资料	一套	是□	否□

（二）人工读取故障代码

当维修人员没有电脑检测仪且发动机故障灯也不亮时，怎样读取故障代码呢？遇到这种情况时，可以利用万用表来完成对故障代码的读取工作，也可以通过人工的方

学习任务5

法来实现。下面以丰田皇冠 3.0 小轿车 2JZGE 发动机为例，说明具体操作方法。

（1）使发动机熄火，关闭点火开关。

（2）打开位于发动机附近或仪表板下方的故障检测插座罩盖，依照罩盖内所注明的各插孔的名称，用一根跨接线将 TE_1（发动机故障检测）和 E_1（接地）两插孔相连接。如图 5-6 所示为丰田车系电控系统诊断座端子图。

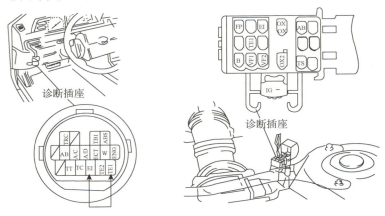

图 5-6　丰田车系电控系统诊断座端子图

（3）点火开关置于"ON"位置，发动机不转动，"CHECK ENGINE"指示灯将点亮，如果"CHECK ENGINE"指示灯不亮，检查指示灯灯泡及电路是否良好。起动发动机后，"CHECK ENGINE"指示灯应灭，如果指示灯继续亮，说明 ECU 系统有故障。

（4）根据发动机故障警告灯的闪亮规律读出故障代码。

（5）读取所有故障代码后，从检测插座上拔下跨接线，盖好罩盖，关闭点火开关。

如图 5-7 为丰田车系三种形式的自诊断插座。图 5-7（a）和图 5-7（b）一般设置在发动室内，图 5-7（c）则通常设置在驾驶室内仪表板下方。

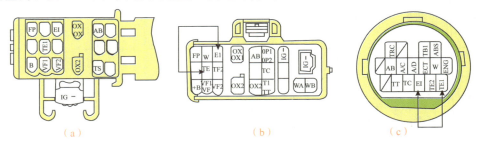

（a）　　　　　　　　　　（b）　　　　　　　　　　（c）

图 5-7　丰田车系统的自诊断插座

当上述条件满足时，组合仪表上的"CHECK ENGINE"指示灯闪烁，如果没有故障，"CHECK ENGINE"指示灯将以每秒闪烁两次的频率，如图 5-8 所示。

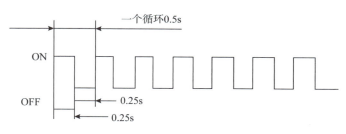

图 5-8　正常码显示

当有故障时，"CHECK ENGINE"指示灯闪烁频率发生变化，以 0.5s 的频率闪烁。闪烁的第一个数字是两位故障代码的第一位数，间歇 1.5s 后，闪烁的第二个数为第二位数。如果有两个以上故障代码，每个故障码之间间隔 2.5s。全部故障代码显示完毕间隔 4.5s，再重复显示全部代码，如图 5-9 所示。

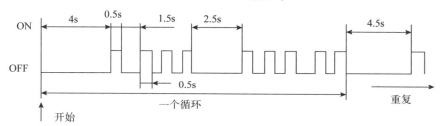

图 5-9　故障代码 13 和 32

知识链接

日产 MAXIMA 轿车 VG30E 发动机可以使用故障显示发光二极管的方法进行诊断。在这种发动机电脑的侧面有一个故障自诊断开关及红、绿发光二极管各一个。在显示故障代码时，红色和绿色发光二极管闪亮次数分别表示故障代码的十位数和个位数。读取方法如下：

①确认电脑上的故障自诊断开关已按逆时针方向拧到头。

②打开点火开关（转到"ON"位置），不起动发动机。

③按顺时针方向将故障自诊断开关拧到头。

④起动发动机。

⑤根据红、绿两个发光二极管的闪亮次数，读出故障代码。

⑥读取完所有故障代码后，让发动机熄火，将故障自诊断开关按逆时针方向拧到头。

为了避免人为因素影响自诊断故障代码（如在发动机运行过程中拔下某个传感器接线）的准确性，在读取完所有故障代码并记录下来后，应拆下汽车蓄电池负极线一段时间（约 30s），以清除电脑内储存的所有故障代码。然后接好蓄电池负极线，启动发动机，车辆行驶 5～10min，再重复上述方法，对发动机控制系统进行故障自诊断。如果原有的故障代码不再出现，说明该故障是偶然发生或人为造成的；若原有的故障代码仍然出现，说明控制系统确有故障，可根据该故障代码的信息做进一步检修。

三、学习评价

1. 根据已学习过的内容，独立完成下列习题。

问题1：查阅教材及其他资料，完成下面问题。

（1）读取与清除故障代码的方法一般有_____读取与清除和_____读取与清除两种。

（2）发动机ECU存储的故障代码有两种：一是_____，即当前控制系统中存在着故障；二是_____，过去曾经存在故障，但当前不存在该故障。

（3）由于切断发动机ECU的常供电源，会_____发动机ECU内存内的其他状态测试数据，所以对这一方法需慎重。

（4）故障以故障代码的形式存入ECU的_____中。

（5）发动机ECU存储的故障代码有两种：一是_____，即当前控制系统中存在着故障；二是_____。

（6）在读取故障代码之前，应使发动机满足以下条件：

①蓄电池电压高于_____V。

②节气门完全关闭（节气门位置传感器内的怠速开关闭合）。

③变速器位于_____。

④应_____所有附属设备（如_____、_____、_____等）。

（7）完成下面矩形波图。

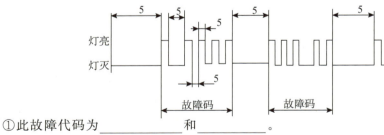

①此故障代码为_____和_____。

②如何清除故障代码和判断故障代码已经清除？

_____

_____

_____

_____

_____。

（8）读取故障代码的操作方法：

① _____。

② _____。

③ _____。

④ _____。

⑤ _____。

问题2：根据学习内容查阅教材，分析下面问题，在合适的□打上"√"。

（1）故障自诊断系统必须要有专用的传感器。　　　　　　　　　错□　　　对□

（2）自诊断系统只能根据传感器输入信号来判断定有无故障，但不能确定故障的具体部位。　　　　　　　　　　　　　　　　　　　　　错□　　　对□

（3）自诊断系统对所设故障代码以外的故障无能为力，特别是机械装置、真空装置等。　　　　　　　　　　　　　　　　　　　　　　　错□　　　对□

（4）点火开关接通，发动机没有起动或起动后短时间内故障指示灯点亮，说明系统有故障。　　　　　　　　　　　　　　　　　　　　　错□　　　对□

问题3：查阅相关资料回答下面问题。

（1）故障代码常见的显示方式有哪几种？

（2）画出丰田汽车8A发动机故障码14和24频率闪烁矩形波图。

2. 完成本学习活动后，请对学习过程和结果的质量进行评价和总结，填写下列评价反馈表（表5-4）。自我评价由学习者本人填写，小组评价由组长填写，教师评价由任课教师填写。

表5-4　评价反馈表

班级		姓名		学号		日期	年月日
学习活动名称：							
自我评价	1	能按时上、下课					□是　　□否
	2	着装规范					□是　　□否
	3	能独立完成课后习题					□是　　□否
	4	能利用网络资源、维修手册等查找有效信息					□是　　□否
	5	会正确使用工量具及设备					□是　　□否
	6	能叙述故障代码含义					□是　　□否
	7	会人工读取故障代码					□是　　□否
	8	学习效果自评等级					□优　□良　□中　□差
	9	总结与反思：					
小组评价	10	在小组讨论中能积极发言					□优　□良　□中　□差
	11	能积极配合小组成员完成工作任务					□优　□良　□中　□差
	12	在读取故障码操作中的表现					□优　□良　□中　□差
	13	能够清晰表达自己的观点					□优　□良　□中　□差
	14	安全意识与规范意识					□优　□良　□中　□差
	15	遵守课堂纪律					□优　□良　□中　□差
	16	积极参与汇报展示					□优　□良　□中　□差
教师评价	17	综合评价等级： 评语： 教师签名：_____　____年___月___日					

四、学习拓展

2015款大众朗逸1.6L发动机故障代码的读取步骤如下：

（1）将诊断仪X-431连接发动机OBD-Ⅱ诊断插座，如图5-10所示。

图 5-10

（2）打开点火开关于"ON"位置，如图 5-11 所示。

图 5-11

（3）诊断仪开机，进入故障诊断界面并读取故障代码，如图 5-12 所示。

图 5-12

学习 5
任务

（4）清除故障代码，如图 5-13 所示。

图 5-13

（5）起动发动机运转熄火后，将点火开关拧至"ON"位置，再次读取故障代码，若无故障代码，说明发动机没检测传感信号故障，如图 5-14 所示；如有故障代码显示，则说明故障是真实故障，应按照故障代码提示进行排除。

图 5-14

实训作业工单

实训班级			维修班组	
组员				
整车型号			车辆识别代码	
发动机型号			行驶里程	
步骤	作业记录内容			任务完成情况
一、前期准备	按 6S 标准进行工具、工位准备			□任务完成
二、安全检查	举升机的安全检查、尾气排污装置及发动机外部检查等			□任务完成

续表

实训班级			维修班组	
三、故障码的读取	①检查 ECU 及各传感器线束是否松动			□任务完成
	②检测判断电池电压是否为正常值			□是　□否
	③找出诊断盒，正确用专用的短接线连接 TE—E_1 端子			□任务完成
	④打开点火开关"ON"进行读数			□任务完成
	⑤故障代码读数是否正常？			□是　□否
四、清除故障代码	①正确拆卸保险盒盖及指定保险丝			□任务完成
	②将 EFI 熔丝拔掉为_____s			□任务完成
	③正确安装指定保险丝及保险盒盖			□任务完成
五、竣工检验	①故障是否排除？			□是　□否
	②设备器材、工量具、场地等是否整理、清洁？			□是　□否

工单记录员：_____　维修技师：_____　质检员：_____

教学活动 2　故障诊断与分析

一、信息收集

引导问题 1　故障诊断常用工具及测试仪器有哪些？

发动机电控系统的故障诊断工具和仪器较多，除了常规的拆装工具外，还有专门针对发动机电控系统而开发的工具和仪器，本节只介绍发动机电控系统故障诊断的常用工具和测试仪器。

1. 常用工具

（1）跨接线。跨接线是一段专用导线，如图 5-15 所示，不同形式的跨接线主要是长短和两端接头不同。跨接线两端的接头一般是不同形式的插头或鳄鱼夹，以适应不同位置的跨接，主要用于电路故障诊断。

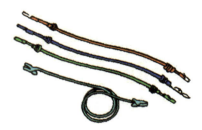

图 5-15　专用导线

（2）试灯。主要用来检查电控元件电路的通、断，根据指示灯亮度判断被测电路的电压高低，如图 5-16 所示。

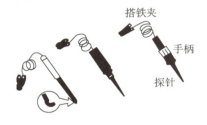

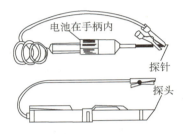

图 5-16　试灯

（3）汽车专用万用表。汽车专用万用表是检测汽车电路最基本、最常用的工具，如图 5-17 所示。主要功能有：测量汽车分电器触点闭合角、发动机转速、交流/直流电压、电流、电阻、温度、二极管正向压降及电路通断等。

图 5-17　汽车专用万用表

（4）燃油压力表。燃油压力表经常被用来测试燃油系统的压力，如图 5-18 所示。燃油系统压力达到额定标准是发动机正常工作的前提，在不同的载荷条件下，发动机燃油系统压力值会有所不同。

图 5-18　燃油压力表

（5）真空压力表。如图 5-19 所示为汽车检修专用真空压力表。它可以用来检查进气歧管的真空度，能够检测气缸的密封性和发动机的负荷状态。

图 5-19   真空压力表

用真空压力表检测发动机进气歧管真空度，也可以用来诊断气缸活塞组的磨损情况、配气机构的技术状况以及点火和供油系统的调整状况。测量前应对点火系统进行正确调整，起动发动机并预热至正常工作温度，然后把真空压力表软管接到进气管上，保持发动机在稳定怠速下运转，如图 5-20 所示，即可由真空压力表的指示来分析判断气缸活塞组和配气机构的技术状况。

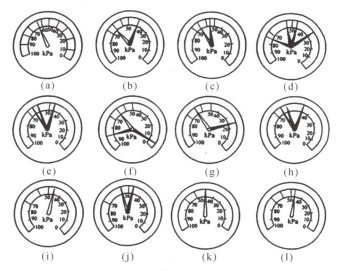

图 5-20   真空压力表的不同读数

①发动机密封性正常。真空压力表指针的指示应稳定在 50～70kPa 之间。当海拔高度每增加 304.8m，真空压力表读数相应降低 3.38kPa。发动机密封性正常时，真空压力表读数如图 5-20（a）所示（白色指针表示稳定，黑色指针表示假想漂移）。

②气门与气门座不密封。该气门处于关闭时，真空压力表指针跌落 3～23kPa，而且指针有规律波动，如图 5-20（b）所示。

③气门与导管卡滞。当气门处于关闭时，真空压力表指针有规律地迅速跌落 10～16kPa，如图 5-20（c）所示。

④气门弹簧折断或弹力不足。发动机在 200r/min 下运转，真空压力表指针在 33～74kPa 范围内迅速摆动。某一只气门弹簧折断，指针将相应地产生快速波动，如图 5-

20（d）所示。

⑤气门导管磨损。真空压力表读数较正常值低10～13kPa，且缓慢地在47～60kPa范围内摆动，如图5-20（e）所示。

⑥活塞环磨损。发动机转速升至2000r/min时，突然关闭节气门，真空压力表指针迅速跌落至6～16kPa以下；当节气且关闭时，指针不能回复到83kPa，如图5-20（f）所示。当迅速开启节气门时，指针不低于6～l6kPa，则活塞环工作良好。

⑦气缸衬垫窜气。真空压力表读数从正常值突然跌落至33kPa，当泄漏气缸在工作行程时，指针又恢复正常值，如图5-20（g）所示。

⑧混合气过稀过浓。混合气过稀时，指针不规则跌落；混合气过浓时，指针缓慢摆动，如图5-20（h）所示。

⑨进气歧管衬垫漏气与排气系统堵塞。进气歧管漏气时，真空压力表指示值比正常值低10～30kPa；排气系统堵塞时，发动机转速升至2000r/min，突然关闭节气门，真空压力表指针从83kPa跌落至6kPa以下，并迅速回复正常，如图5-20（i）所示。

⑩点火过迟。真空压力表指针稳定地指示在47～57kPa，如图5-20（j）所示。

⑪气门开启过迟。真空压力表指针稳定地指示在27～50kPa之间，如图5-20（k）所示。

⑫火花塞电极间隙太小，断电器触点接触不良。真空表指针缓慢地摆动在47～54kPa之间，如图5-20（l）所示。

（6）点火正时灯。用来检查发动机的点火正时和点火提前角。大多数正时灯有一个与1缸火花塞高压线相连的夹线钳。老式的正时灯还有在1缸火花塞与火花塞高压线之间串联用的导线。如图5-21所示。

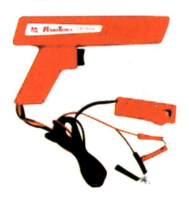

图 5-21　点火正时灯

以丰田威驰8A发动机为例，介绍使用点火正时灯检测发动机火提前角。

①查找并验证飞轮或曲轴前端皮带盘上1缸压缩行程上止点标记和点火提前角标记（图5-22），擦拭使之清晰可见，如果标记不清晰，最好用粉笔或油漆将标记描白。

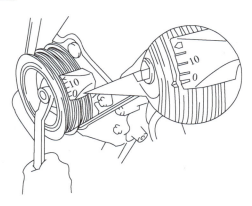

图 5-22

②预热发动机 5min，让发动机达到正常工作温度，然后熄火。

③连接点火正时灯。

a. 将点火正时灯的信号夹夹在一缸高压线上。注意：不要让信号夹碰到排气管。

b. 将红色的夹子夹住蓄电池的正极接线柱。

c. 将黑色的夹子夹住蓄电池的负极接线柱。

d. 起动发动机并怠速运转，其转速是否为（700±50）r/min，如果不正确，需调整怠速。

e. 用正时灯对准曲轴前端的点火正时记号，打开正时灯开关。观察点火提前角的大小，一般为 8°～10°。

注意：由于车型不同，测试基本点火正时角度的操作方法略有不同，应参考各自维修手册。比如，丰田轿车需将故障诊断座中的 TE1 与 E_1 用导线直接跨接，然后用正时灯测试；沃尔沃轿车要拆下分电器，提前装置上的真空软管，并堵住真空软管后再用正时灯测试；电子喷射式的奥迪轿车，需拆下水温传感器的插头后，用正时灯测试；现代轿车和三菱轿车则需将点火正时调整接头搭铁后再用正时灯测试。

（7）气缸压力表。气缸压力表用来测量气缸内压缩终了时的压力，它是利用火花塞孔对气缸压力进行测量，如图 5-23 所示。检测气缸压力条件与方法如下：

①起动发动机预热，冷却水温达到 70℃～90℃后停机。

②拆下各缸火花塞或者喷油嘴，以减少曲轴转动时的阻力。

③用专用的气缸压力表锥形橡胶塞紧压火花塞孔上。

④起动发动机带动曲轴运转 3～5s，气缸压力表的数值就是该气缸的压缩压力。为保证测量准确，每个气缸应重复测量 2～3 次。

图 5-23　气缸压力表

2. 测试仪器

（1）汽车专用示波器。主要用来显示控制系统中输入、输出信号的电压波形，维修人员可根据波形分析并判断电控系统的故障。示波器比一般电子设备的显示速度要快，是唯一能显示瞬时波形的检测仪器，是电控系统故障诊断中的重要设备。示波器有数字式和模拟式两种。

（2）喷油器清洗仪。喷油器清洗仪（图 5-24）是测试单个喷油器在喷射时间内喷射的喷油量是否合适、是否均匀，并能检测喷油器喷油时的喷射角度和密封性。

图 5-24　喷油器清洗仪

（3）红盒子。红盒子（图 5-25）主要由电脑诊断仪主机、测试软件卡盒、诊断接头及其连接线组成。同时还配备有各种类型的诊断接头、资料传输线及备用电源接头。可测试发动机、自动变速器、SRS、ABS、车身防盗、A/C 空调、巡航系统等。测试功能有 OBD-Ⅱ分析功能、读取故障码、清故障码、动态数据分析、元件测试等。适用车型为美国的克莱斯勒、通用、福特；日本的丰田、本田、日产、五十铃、马自达、三菱；德国的宝马、大众、奔驰。

图 5-25　红盒子

（4）元征 X-431 电眼睛诊断仪。元征 X-431 电眼睛诊断仪（图 5-26）具备读汽车故障码、读动态数据流和动作测试、显示传感器波形、控制电脑编码等功能，还具备 PDA 的功能。它可以对多个车系几百种车型进行测试，充分体现了原厂解码器没有的通用功能，可极为方便地从网上下载诊断软件并直接使用，软件会随着新车型的出现而相继推出，可提供多语言环境，在不同国家和地区使用。

图 5-26　元征 X-431 电眼睛诊断仪

（5）信号模拟检测仪。可以模拟发动机控制系统各传感器信号，尤其对电控系统传感器及其线路故障的诊断，利用此类检测仪可简化分析过程，缩短诊断时间。

（6）发动机综合测试仪。发动机综合测试仪（图 5-27）能对发动机进行不解体综合测试，并配备有标准的数据及专家分析系统，可通过对测试结果与标准数据的比较，判断发动机整机或部分系统工作好坏。

图 5-27　发动机综合测试仪

①一个典型的发动机综合测试仪应该有以下各个测试仪的全部功能，包括压力表、动力平衡测试仪、电压表、电流表、欧姆表、点火正时灯、汽车专用示波器、扫描测试仪、尾气分析仪。

②发动机综合测试仪一般分为人工测试和自动测试两种状态。如果技术人员选择了自动状态，测试仪就会自动完成一系列测试；如果是人工状态，测试仪就仅完成所选择的测试项目。在自动状态进行一系列测试时，测试仪需要输入各系统的工作状态。这些系统包括点火系统、起动系统、进气系统、燃油系统和排放系统。

引导问题2 故障诊断有哪些注意事项？其基本方法是怎样的？

1. 故障诊断的注意事项

（1）在拆卸或安装各类传感器、信号开关及连接器前，应将点火开关关闭。不允许在发动机运转时或接通点火开关的情况下，随意断开蓄电池和电控电路中的任何一根连线。

（2）拆卸和安装发动机ECU的连接器前，应将点火开关关闭，然后再拆卸蓄电池负极上的搭铁线。这是因为有的发动机ECU上的电源线不仅连接点火开关，还连接蓄电池。带有安全气囊的汽车，应在拆下搭铁线2～3 min后，再进行诊断、检修工作。

（3）在安装蓄电池时，正、负极不可接反。在车身上实施电弧焊作业时，应先断开蓄电池负极线，以防止在感应瞬间脉冲电压损坏电子元件。

（4）加装电器设备应远离ECU，防止干扰屏蔽设施。

（5）不能用起动电源直接起动，因为那样在起动瞬间会输出很大电流，会损坏发动机ECU与其他部件上的电子元器件。用其他蓄电池辅助起动时，应先将点火开关关闭后，才能跨接。

（6）不可用水直接冲洗发动机。

（7）在检测传感器输出信号和测试发动机控制系统的信号时，不可使用一般灯泡作测试灯，更不允许采用搭铁试火的方法来测试电源电路是否断路。

（8）万用表有指针式和液晶显示数字式两种，检测控制系统电阻必须使用内阻为10MΩ以上的液晶显示数字式万用表。

（9）安装发动机ECU时，应注意防止高压静电的产生。

2. 故障诊断的基本方法

（1）先外后内。在发动机出现故障时，应先对发动机管理系统以外可能出现故障的部位进行检查，避免复杂且又费时费力的检查，

（2）先简后繁。比如用看、摸、听等直观检查方法将一些较为明显的故障迅速查找出来。直观诊断未能找出的故障，再借助仪器仪表或其他专业工具来进行诊断。

（3）先熟后生。应先对常发生故障的部位进行检查，若未找出故障，再对其他不常发生的故障部位予以检查。这样做往往可以迅速地找出故障，省时省力。

（4）先思后行。对发动机的故障现象先进行故障分析，了解产生故障的原因，然后再进行故障检查。这样可避免故障检查的盲目性，既不会对与故障现象无关的部位

做无效的检查，又可避免对一些有关部位漏检而不能排除故障。

3. 间歇性故障的诊断检查

（1）振动法。用于线路接触不良或元件安装不牢引发的故障。

（2）加热法。用于只在发动机温度高时出现的故障。

（3）水淋法。用于只在雨天、洗车后或高湿度时出现的故障。

（4）电器全部接通法。用于用电负荷过大而引起的故障。

（5）道路试验法。用于只在特定的行驶状态下出现的故障。

4. 故障诊断的一般程序（图 5-28）

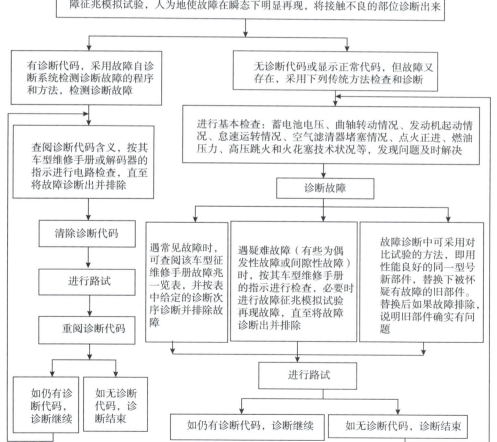

图 5-28 故障诊断的一般程序

引导问题3　控制系统部件故障有哪些？

发动机 ECU 存储的故障代码有两种：一是当前故障代码，即当前控制系统中存在着故障；二是历史故障代码，即过去曾经存在故障，但当前不存在该故障。在经过维修、排除故障以后，必须清除记录在微机中的故障代码。如果不清除故障代码，虽然不会影响发动机的运行，但故障代码会在微机中一直保留，下次再出现故障时，保留的历史故障代码会与新的故障代码一起出现，造成识别故障代码的错觉。

电控系统各组成零部件、传感器本身及配线出现故障是造成电控系统故障的主要原因。掌握各组成部分及配线故障对发动机及车辆运行状况的影响，有助于在诊断故障中迅速找出故障原因及故障部位。表5-5归纳了电控系统的一些主要组成部件及配线故障对发动机及车辆运行状况的影响。

表5-5　主要组成部件及配线故障对发动机工作的影响

序号	元器件名称	故障现象
1	主电脑（ECU）	①发动机不能启动；②发动机性能失常
2	点火线圈	①发动机不能启动；②无高压火花；③次级电压过低
3	点火控制器（电子开关）	①发动机不能启动；②无高压火花；③次级电压过低；④初级线圈闭合角乱变
4	空气流量计（L型）	①发动机启动困难；②发动机性能失常；③怠速不稳；④加速时回火、放炮；⑤油耗增大
5	进气压力传感器（D型）	①发动机启动困难；②发动机性能失常；③怠速不稳；④油耗增大
6	热线式空气流量计（LH型）	①发动机启动困难；②发动机动力不足；③怠速不稳；④发动机易熄火
7	大气压力传感器	①发动机性能不佳；②怠速不稳
8	节气门	①发动机不能启动或启动困难；②发动机性能不佳
9	节气门位置传感器	①发动机启动困难；②发动机性能不佳；③怠速不稳；④容易熄火
10	进气温度传感器	①发动机性能不佳；②怠速不稳；③容易熄火；④油耗增大
11	冷却水温传感器	①发动机启动困难；②发动机性能不佳；③怠速不稳；④容易熄火
12	怠速控制电机	①发动机启动困难；②怠速不稳；③发动机失速；④容易熄火
13	怠速电机位置传感器	①发动机怠速不稳；②容易熄火；③启动困难
14	P、N、A/C 开关	①发动机不能启动；②怠速不稳；③发动机怠速时无法补偿；④怠速时容易熄火
15	氧传感器	①发动机性能不佳；②怠速不稳；③排气污染增大；④油耗增大；⑤空燃比不正确

续表5-5

序号	元器件名称	故障现象
16	曲轴箱通风阀（PCV）	①发动机不能启动或启动困难；②怠速不稳或无怠速；③加速困难；④油耗增大
17	EGR 阀	①发动机温度过高；②发动机不能启动或启动困难；③发动机无力；④减速熄火；⑤油耗增大；⑥易爆震
18	EGR 阀位置传感器	①发动机性能不佳；②怠速不稳；③排气污染增大；④容易熄火
19	炭罐电磁阀	①发动机性能不佳；②怠速不稳；③空燃比不正确
20	爆燃传感器	①发动机工作不稳；②加速时产生爆燃；③点火正时不准
21	磁感应式点火信号发生器、霍尔式点火信号发生器	①发动机无法启动；②发动机工作不稳；③怠速不稳；④间歇性熄火
22	光电式点火信号发生器	①发动机无法启动；②发动机工作不稳；③怠速不稳；④容易熄火
23	曲轴位置传感器	①发动机无法启动；②加速不良；③怠速不稳；④间歇性熄火
24	车速传感器	①ABS 防抱死装置不工作；②巡航控制不工作
25	变速器电磁阀	①车辆无法行驶；②变速器换挡困难；③行驶时变速器将锁定在某一挡位
26	防抱死装置油压电磁阀（ABS电磁阀）	ABS 装置不工作
27	可变凸轮轴电磁阀	①发动机抖动；②产生爆震；③怠速不稳；④三元催化转化器损坏；⑤发动机动力下降，性能变坏
28	燃油泵	①发动机不能启动；②发动机运转中熄火
29	燃油滤清器	①发动机不能启动；②发动机运转不稳；③喷油器堵塞
30	燃油压力调节器	①发动机启动困难；②发动机性能变坏；③怠速不稳；④容易熄火
31	喷油器	①发动机启动困难；②发动机性能变坏；③怠速不稳；④容易熄火
32	冷启动喷油器定时开关	①发动机冷启动困难；②混合气过浓；③怠速不稳
33	冷启动喷油器	①发动机不能启动或启动困难；②怠速不良；③排气污染增大；④间歇熄火；⑤油耗增大；⑥混合气过浓

二、任务实施

（一）工量具、设备及材料准备

故障诊断所需工量具、设备及材料如表 5-6 所示。

表 5-6　工量具、设备及材料准备

资料及工量具名称	数量	是否准备	
丰田 8A 发动机台架或整车	一台	是□	否□
数字式万用表	一个	是□	否□
常用工具	一套	是□	否□
三角木	四个	是□	否□
翼子板布、前罩	一套	是□	否□
试灯	一个	是□	否□
绝缘胶布	一圈	是□	否□
X-431 诊断仪	一台	是□	否□
继电器	两个	是□	否□
保险丝 15A	一个	是□	否□
火花塞	一套	是□	否□
分缸高压线	一套	是□	否□
喷油器	一套	是□	否□
汽油	若干	是□	否□
化油器清洗剂	一瓶	是□	否□
干净的抹布	一块	是□	否□
维修手册等资料	一套	是□	否□

（二）电控发动机故障排除实例

电控发动机常见故障有发动机不能起动、发动机起动困难、发动机怠速不良、发动机加速性能不良、发动机动力不足、发动机失速、发动机油耗过大、发动机点火不良等。

电控发动机各类故障的主要现象如下：

（1）发动机不能起动的故障：起动发动机时，发动机不转，或能转动但不着火。

（2）发动机起动困难的故障：发动机不易起动，起动着火后很快又熄火。

（3）怠速过高的故障：发动机在正常怠速工况下，其转速明显高于标准值。

（4）怠速不稳、易熄火的故障：怠速转速过低，且不稳定，经常熄火。

（5）加速不良的故障：发动机加速时，无力且有抖动现象，转速不易提高。

（6）混合气过稀的故障：进气管有回火现象。

（7）混合气过浓的故障：排气管有冒黑烟或放炮现象。

（8）发动机失速的故障：发动机正常运转时，转速忽高忽低，不稳定。

1. 发动机不能起动且无着车征兆的故障诊断

（1）故障现象：接通起动开关时，起动机能带动发动机正常转动，但发动机不能工作，且无着车征兆。

（2）故障原因：点火系统故障，起动时节气门全开，电动燃油泵不工作，喷油器不工作，油路压力过低，油箱中无油，发动机气缸压缩压力过低。

（3）诊断步骤（图 5-29）。

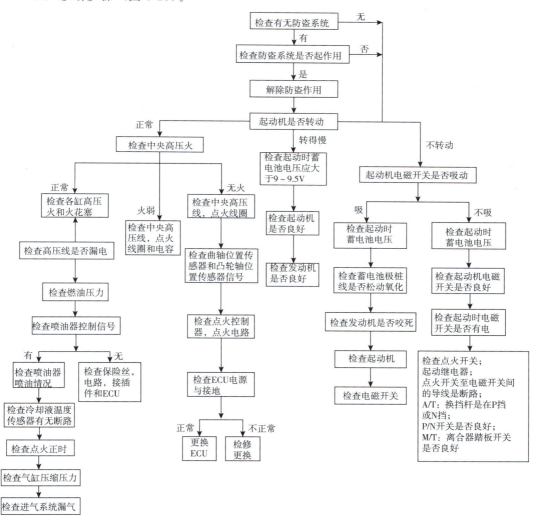

图 5-29　发动机不能起动且无着车征兆的故障诊断步骤

2. 发动机不能起动但有着车征兆的故障诊断

（1）故障现象：起动发动机时，起动机能带动发动机正常转动，有轻微着车征兆，但不能起动。

（2）故障原因：进气管有漏气，点火提前角不正确，高压火花过弱，冷起动喷油器不工作，燃油压力过低，冷却液温度传感器有故障，空气滤清器堵塞，空气流量计有故障，喷油器漏油，喷油控制系统有故障，气缸压力过低。

（3）诊断步骤（图5-30）。

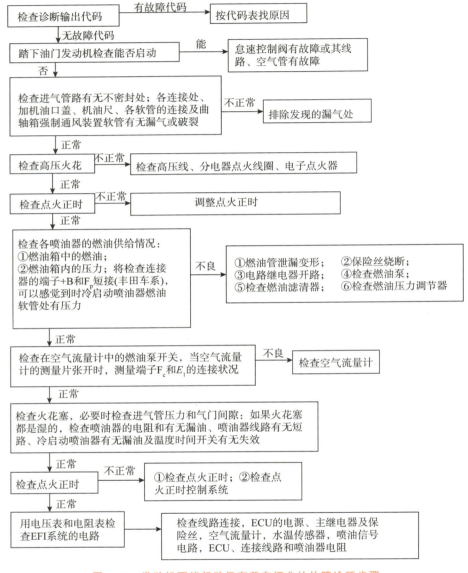

图5-30　发动机不能起动但有着车征兆的故障诊断步骤

3. 热车怠速过高的故障诊断

（1）故障现象：冷车时发动机能以正常的快怠速运转，但热车后仍保持快怠速，导致发动机怠速转速过高。

（2）故障原因：节气门卡滞、关闭不严，怠速调整不当，附加空气阀故障，怠速控制阀故障，冷却液温度传感器故障，空调开关、动力转向器压力开关有故障，曲轴箱强制通风阀故障。

（3）诊断步骤（图5-31）。

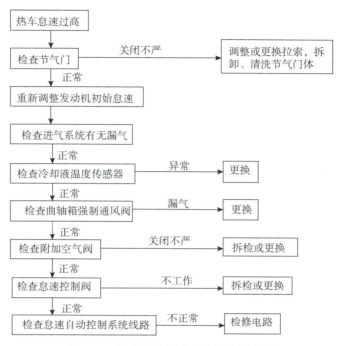

图 5-31　热车怠速过高的故障诊断步骤

4. 加速不良的故障诊断

（1）故障现象：踩下加速踏板后，发动机转速不能马上升高，有迟滞现象，加速反应迟缓，或在加速过程中发动机转速有轻微的波动。

（2）故障原因：点火提前角不正确，燃油压力过低，进气系统中有漏气，节气门位置传感器或空气流量计故障，喷油器工作不良，排气再循环系统工作不正常。

（3）诊断步骤（图 5-32）。

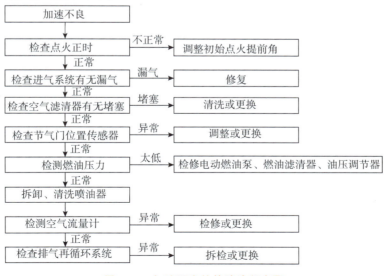

图 5-32　加速不良的故障诊断步骤

5. 发动机怠速不稳、易熄火的故障诊断

（1）故障现象：发动机起动正常，但在冷车或热车状态下怠速均不稳定，怠速过低，易熄火。

（2）故障原因：进气系统漏气，油压过低，空气滤清器堵塞，喷油器雾化不良、漏油或堵塞，怠速调整不当，怠速控制阀或旁通空气阀工作不良，火花塞工作不良，空气流量计有故障，气缸压缩压力过低。

（3）诊断步骤（图 5-33）。

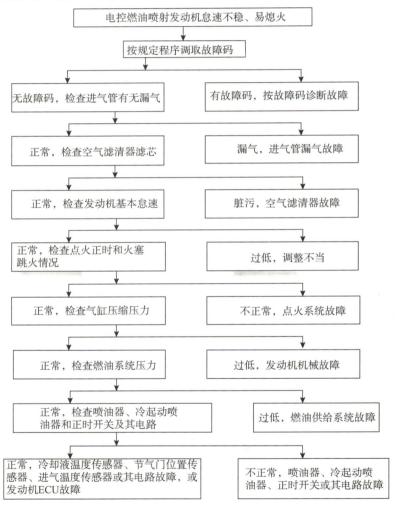

图 5-33　发动机怠速不稳、易熄火的故障诊断步骤

三、学习评价

1. 根据已学习过的内容，独立完成下列习题：

问题 1：查阅教材及其他资料，完成下面问题。